# CRONICAS DIABOLICAS

# CRONICAS DIABOLICAS

## (1916-1926)

## de ''Jorge Ulica''/Julio G. Arce

compiled by Juan Rodríguez

**maize press**

**maize press**
**p.o. box 8251**
**san diego, ca. 92102**

edited by: Alurista
Mónica Espinosa
Harry Polkinhorn

ISBN: 0-939558-02-5
Library of Congress Catalog Card Number: 82-80256

*This project is supported by a grant from the National Endowment for the Arts in Washington, D.C. a Federal agency.*

Printed in the United States of America

# Prólogo

Las **Crónicas Diabólicas** de Jorge Ulica que llenan las páginas de este librito de la Editorial MAIZE, llegan a las manos de sus lectores contemporáneos a una hora bastante precisa en vista del renovado y bien importante interés demostrado por los estudiosos de la literatura Chicana y de sus orígenes. Documento, sin lugar a dudas, esencial para la investigación de la historia literaria Chicana, las "crónicas" de Ulica no dejan de tener vigencia pues su problemática no se aparta mucho de lo que es, hoy en dia, la aculturación moderna.

Su tono es, claramente, irónico sin encubrir totalmente ni las actitudes del autor (a menudo conservadoras, en casos reaccionarias o bien, por lo contrario, progresistas en otros) ni las de la clase de la cual provienen. La ironía de Julio G. Arce (alias Jorge Ulica) que a veces llega al sarcasmo o al cinismo, no deja de ser lo suficientemente ligera como para no ser divertida. Recuérdese que estas "crónicas" fueron originalmente publicadas en periódicos de California y de Texas.

Ya el trabajo crítico de Clara Lomas, "Resistencia Cultural o Apropiación Ideológica" (Revista Chicano-Riqueña/Año Seis, Numero 4, Otoño '78) así también como el estudio biográfico y bibliográfico de Juan Rodríguez, "Julio G. Arce: Vida y Obra (aquí incluido) han abierto las puertas para la asesoración crítica de esta obra en su presente selección.

Esta colección de cuadros costumbristas invita una investigación del género en sí durante las tres primeras decadas del siglo veinte, así también como un estudio detenido de la obra total de Julio G. Arce/Jorge Ulica, incluyendo aquella publicada en Guadalajara y otras partes de México. Más aún, el planteamiento crítico dentro del marco histórico en que se sucita la producción del mencionado género y de la obra total de Arce, todavía, al imprimir este librito, queda por hacerse.

Bueno sea, para el gusto, o disgusto del lector de habla hispana que hojée estas páginas. Dondequiera que vos os posturéis, las **Crónicas Diabólicas** de Jorge Ulica os esperan: si el saco os queda, ponéoslo.

alurista<br>
january, 1982

*introducción*

# Julio G. Arce: vida y obra

## Su vida periodística

Hijo de "una de las eminencias médicas más notables de la época,"[1] Julio G. Arce nació en Guadalajara, Jalisco, el 9 de enero de 1870. Si bien fue considerable la presión familiar para que desempeñara una profesión más lucrativa, desde muy joven experimentó Arce un amor y una dedicación a la carrera que ejercería siempre y donde estuviera, el periodismo. Confiesa Arce:

> Creo yo que la vocación hacia cualquiera de las actividades humanas se manifiesta desde los años mozos, casi en la niñez, y que tira de prisa e incesantemente hacia el objetivo anhelado. Así me pasó con el periodismo, oficio o profesión a que he dedicado mis mayores energías y mis más grandes actividades . . .[2]

Su primer periódico, lanzado al "mercado" cuando sólo tenía diez años, no fue más que un manuscrito en el pliego de papel florete que hacía circular entre familiares. A la edad de catorce años, empero, logra fundar un verdadero periódico, **El Hijo Del Progreso**, periódico estudiantil antigobiernista más por razones comerciales que ideológicas. **El Hijo Del Progreso**, según Arce, "fue un hijo del fracaso,"[3] pues era sumamente difícil mantener un periódico en una ciudad que todavía no tenía un diario. Terminada ya la preparatoria y haciendo sus estudios de farmacia en la Escuela Médico-Farmacéutica de Guadalajara, Arce pronto vuelve al campo periodístico y funda **El**

**Amigo Del Pueblo,** en el cual con el seudónimo de **Krichoff** pública versos, artículos, editoriales, etc. Este periódico "fue, de los del gremio estudiantil, el que tuvo más larga vida y produjo resultados más satisfactorios."[4] Esto se debió principalmente a que el periódico tomó parte activa y enérgica en las contiendas políticas de la capital tapatía.

No obstante el éxito de **El Amigo,** la aparición de cantidad de nuevos periódicos pequeños y la introducción de los cimientos del moderno periodismo en Guadalajara, así como el tiempo requerido por los estudios de farmacia y la práctica como boticario, forzaron a Arce a suspender la publicación de su periódico. Mas no cesó su labor periodística; siguió colaborando esporádicamente en varios periódicos: **El Cronista, El Máscara, Juan Sin Miedo, El Espejismo,** y muchos otros que se publicaban en ese entonces en Guadalajara.

El 5 de noviembre de 1889, Arce presentó el último de sus exámenes profesionales y se tituló farmacéutico. El siguiente mes, viajó a **Mazatlán** para ejercer su profesión en la botica de un amigo y antiguo alumno de su padre. Escribe Arce:

> Oficialmente, era un boticario; pero la cuerda periodística seguía vibrando intensamente en mi espíritu. Pude enterarme de que había allí un gran diario, el más importante sin duda de los periódicos de provincia, **El Correo de la Tarde** . . .[5]

De hecho, **El Correo de la Tarde** fue periódico importantísimo a esa región mexicana. Miguel Retes, dueño y director del periódico e insigne periodista, estimuló enormemente a los escritores de provincia, llevándolos a su lado y pagándoles sueldos decentes, que estaban, según Arce, muy por encima de lo acostumbrado. De allí que Arce pronto se incorpora al cuerpo periodístico de **El Correo,** donde escribe al lado de poetas de tan alto relieve como Amado Nervo y Enrique González Martínez. Lo más importante para nuestro trabajo, sin embargo, es que fue allí dónde primero aparecieron algunos "entrefilets de crítica literaria, censurando composiciones de un poeta que principiaba, Francisco de P. Bega, entablándose una polémica que sirvió para abrirme las puertas en el periodismo sinaloense bajo mi anagrama de **Jorge Ulica**,"[6] seudónimo que con los años por poco llega a reemplazar su verdadero nombre.

En Mazatlán se incorporó cómodamente a la vida socio-cultural de provincia. Además de ejercer su profesión y su vocación, organizó veladas, declamó, actuó en grupos comediantes, etc. Sólo una mejor oportunidad de empleo lo llevó a la capital sinaloense, donde además de esposa, encontraría éxito periodístico. En Culiacán inmediatamente se incorpora al único periódico de la ciudad, **El Occidental**, órgano del gobierno local. Aquí también, Arce no vaciló en hacerse partícipe activo en la arena socio-cultural. Fue, por ejemplo, el orador cuando se puso en 1892 la primera piedra del edificio del Teatro Apolo. Asimismo lo fue cuando éste se inaguró en 1895. Y en años subsecuentes, en el Apolo se presentaron episodios dramáticos, monólogos y otros arreglos suyos. Fue también allí que Arce se convirtió por primera vez en periodista de empresa:

> Era la época de las publicaciones literarias, y estaba en plena prosperidad "La Bohemia," que en Aguascalientes editaba Eduardo J. Correa; "La Lira Chihuahuense," de Silvestre Terrazas, de Chihuahua; y algunas otras. Francisco Medina y Luis Hidalgo Monroy, poetas que empezaban y que se habían dado a conocer en "El Monitor," publicando bellas composiciones poéticas, se acercaron a suplicarme lanzáramos una revista literaria, contando con el elemento regional y que me pusiera, como director, al frente de ella. Me agradó mucho la idea; pero no quise asumir sólo la dirección de la revista, por lo cual, además de invitar como colaboradores a un grupo selecto de hombres de pluma o de ciencia de la localidad, supliqué a un buen amigo y muy correcto escritor, Manuel Bonilla, que fuera, conmigo, director de la publicación. Aceptó bondadosamente, y el 15 de septiembre de 1895, apareció el primer número de "**Bohemia Sinaloense**."[7]

**Bohemia Sinaloense** gozó de un éxito literario rotundo. Por sus dos años de vida la revista publicó las colaboraciones de Amado Nervo, Salado Alvarez, González Martínez y otros muchos escritores de renombre.

En Culiacán, Arce también llegó a ser profesor de lengua nacional en el Instituto Rosales. Además, fue aquí que se inició en la política y llegó a ocupar puestos públicos. De Oficial de Registro Civil pasó a Oficial de la Secretaría del Gobierno, y Jefe de la Sección de Estadística e Instrucción Pública. Después fue "electo" diputado "Suplente" al Congreso local, el puesto más alto al cual ascendería. Hay que tener en cuenta que todos estos puestos, inclusive el de catedrático, fueron otorgados por los dirigentes del estado en gran parte "por mi gestión periodística, halagadora para el Gobierno."[8]

En cuanto al periodismo, el logro más importante durante su estadía en Culiacán se dio en la fundación de **Mefistófeles**, un pequeño diario, el primero que hubo en esa ciudad. El primer número apareció el 27 de septiembre de 1901, y siguió apareciendo por siete años consecutivos, siempre bajo su dirección. Relacionado a este éxito está el que Arce haya sido el que introdujo la primera prensa mecánica a Culiacán, la cual sin duda alguna mucho contribuyó al éxito de su **Mefistófeles**.

De mediados de 1905 a mediados de 1906, año que él llamaría el año terrible, Arce sufre dos golpes personales desastrosos. En los últimos días de julio de 1905 muere su padre, don Fortunato G. Arce, distinguido cirujano tapatío, de una afección cardiaca. Proféticamente, sólo meses antes de sufrir un ataque semejante, escribe Arce:

"Toda mi familia, por la línea paterna, ha tenido numerosos cardíacos y yo mismo no he escapado de ese azote que me flagela de vez en vez y que será, probablemente, el que me mate si es que alguna vez llego a morirme."[9] El otro golpe lo sufre el primero de agosto de 1906, fecha en que fallece su esposa, dejándolo solo con sus cinco hijos. De esto, dice Arce en sus **Treinta Años de Galeras . . . Periodísticas**: "Quizás este capítulo triste y

lacrimoso no resulte para los que sólo esperan de Jorge
Ulica gracejo y buen humor; pero, tratándose de mis
memorias, no podía omitir una página orlada de negro,
consagrada a seres tan amados que tanto influyeron en los
éxitos de mi vida de periodista."[10]

En 1909 el maderismo empieza a llegar a Sinaloa y con
ello, el principio de los eventos que llevarían a Arce al
exilio, pues éste

> por desgracia (lo decimos por lo que concernía a su personal
> tranquilidad) era producto de un época de paz, de lides
> mentales y disciplinadas, y por añadidura procedía de
> familia distinguida, y no pudo jamás transigir con la nueva
> ideología y menos con los nuevos hechos que han caracteri-
> zado los últimos quince años de Mexico.[11]

Por eso cuando Madero pasó en gira por Sinaloa, fue
Arce quien dirigió la prensa contra la nueva corriente
política. Esto lo hizo como director de un periódico de
Mazatlán, **El Diario del Pacífico.** Esta acción, amén de
sus artículos políticos, lo hicieron salir de Sinaloa rumbo a
Guadalajara cuando las fuerzas revolucionarias se
aproximaban a Mazatlán. Así describe su salida:

> Era a fines de abril de 1911. A eso de medio día, cundió el
> rumor, que fue creciendo más y más, de que los rebeldes
> habían derrotado a los federales de    "La Montuosa," lugar
> donde se hallaba el destacamento, y que hacían ya su
> entrada a la ciudad, por todos rumbos . . .
> En el acto dispuse nuestra marcha a bordo del
> "Pesqueira," y salí con mi familia, de  casa, dejando todas
> nuestras pertenecias: muebles, cuadros, libros, en sus
> respectivos sitios, no habiendo sacado sino la ropa. Mi
> biblioteca, formada por cerca de 3,000 volúmenes
> escogidos, quedó también abandonada.[12]

Al llegar a Guadalajara, Arce sufre hondas decepciones.
Su larga ausencia, así como el momento histórico, le
cerraron las puertas de su ciudad natal. La necesidad de
mantener a su familia ya con su segunda mujer a la

cabecilla de ella, lo llevó a la capital a buscar entre amigos revolucionarios, pues Madero ya estaba en México, algún acomodo que lo sacara de aprietos. Sólo pudo conseguir colocación como Inspector de Correos, empleo de mucha fatiga y poco sueldo. Lo peor del caso fue que en su nuevo cargo tuvo necesidad de acercarse a viejos enemigos políticos, quienes no vieron con buenos ojos que el antiguo "anti-revolucionario" ahora ocupara un puesto en el nuevo gobierno. Todo esto forzó a Arce a que volviera a Guadalajara a buscar acomodo en algún periódico.

No encontró sino más puertas cerradas. Así la situación, se decidió, con la ayuda de algunos amigos también refugiados de Sinaloa, iniciar un periódico vespertino, **El Diario de Occidente**, el cual "llegó a ser muy buscado y constituía algo como una necesidad en la población, especialmente entre los elementos políticos."[13] El éxito sorprendente del periódico mucho mejoró su situación económica personal, lo cual le permitió dedicarse a muchas otras actividades, entre las cuales la más significativa fue, sin duda, el de haber fundado la asociación de la Prensa Unida de Guadalajara, junto con su amigo Benjamín Padilla, "**Kaskabel**," escritor que años después colaboraría con Arce en San Francisco. De esta fecha, 3 de abril de 1912, hasta octubre de 1915, fecha en que llegó a San Francisco, Arce se dedicó a la protección de los muchos periodistas que las fuerzas revolucionarias encarcelaban diariamente. Cuando las fuerzas carrancistas entraron a Guadalajara, él mismo, como director en ese entonces de **La Gaceta de Guadalajara**, cayó en manos de los revolucionarios y "dos consejos de guerra tuvo que sufrir y durante dos meses y medio largos estuvo alojado en la Penitenciaría de Escobedo,"[14] de la cual sus amigos periodistas lograron librarlo.

Ante el peligro de perder su vida, Arce decide salir de México en el primer buque que se presente. "Por pura casualidad ese buque venía rumbo a San Francisco, pero muy bien pudo haberse dirigido a Buenos Aires, a Centro América; fue pura coincidencia lo de San Francisco."[15]

14

Como hemos dicho anteriormente, Arce llega a San Francisco en octubre de 1915. Se encuentra de inmediato entre una colonia latina numerosa (en su mayoría mexicanos) entre ellos muchos antiguos amigos exiliados como él. Después de algunos días, se ve forzado a incorporarse como obrero a la American Can Company, que por ser con mucha frecuencia el paradero de un gran número de inmigrantes mexicanos, se le llamaba "el refugio de los mexicanos."[16] Después de un mes, sin embargo, su vocación periodística le lleva a buscar colocación en uno de los varios periódicos que en español se publicaban en San Francisco, **La Crónica**, cuyo primer número había aparecido el 18 de abril de 1914.

**La Crónica** era un semanario de cortas dimensiones que fue "lanzado a la publicidad como un ensayo y sin muchas esperanzas de éxito."[17] Su primer redactor fue el Sr. J. C. Castro, español que naturalmente orientó el periódico hacia las noticias de la península ibérica. Cuando un año después el periódico pasó a manos de dueños mexicanos, el nuevo director fue Juan Anino, guatemalteco. Fue bajo la dirección de éste que el semanario empezó a dar mayor cabida a noticias latinoamericanas en general y mexicanas en particular. Mas el nuevo director, quien prestaba servicios a **La Crónica** bondadosa y gratuitamente, no pudo dedicarse por completo a la obra periodística y, en noviembre de 1915, Julio Arce toma la dirección del periódico.

Arce inmediatamente aplicó sus amplios conocimientos periodísticos a la empresa, pues recuérdese que había sido él quien en gran parte había modernizado el periodismo en los estados mexicanos de Jalisco y Sinaloa. Lo primero que hizo fue cambiar la forma del periódico; lo hizo de ocho páginas (anteriormente había sido de cuatro páginas) y aumentó asimismo sus secciones. El semanario realmente se convirtió muy pronto en el mejor periódico hispano de la Bahía. Este éxito formal lo celebró **La Crónica** en abril de 1916 con una soberbia edición de lujo dedicada a Cervantes, una verdadera joya periodística.

Por razones que hasta el momento ignoramos, Arce se

15

separó de la dirección de **La Crónica** cuando ésta cambió de dueño en septiembre de 1917. No se separó, empero, del periodismo, del cual para esta época dependía para sobrevivir. Inmediatamente fundó otro semanario, **Mefistófeles**, al que sostuvo hasta que se integró de nuevo, dos años después, a la redacción de **La Crónica**. Debemos advertir que mientras Arce se ausentó de la redacción de **La Crónica**, ésta había cambiado su nombre a **Hispano-América**, y fue la dirección de éste la que Arce asumió en 1919.

Por desavenencias entre los dueños de **Hispano-América**, a Arce se le ofreció la venta del semanario. Fue así que hacia fines de 1919 pasó a ser director y único propietario del periódico que hasta la actualidad ha gozado de mayor éxito entre la colonia latina de la Bahia de San Francisco. Bajo la colonia latina de la Bahía de San Francisco. Bajo la dirección de Arce **Hispano-América** entró a una nueva etapa. Buscó inmediatamente independizarse. Abrió sus propios talleres y siempre se preocupó por introducir en el periódico adelantos de forma y contenido, el cual en general se dividía entre noticias locales, regionales y nacionales norteamericanas y noticias regionales y nacionales mexicanas, con un número adecuado de columnas dedicadas a los acontecimientos internacionales. Así continuó, "sin ligas ni compromisos con nadie, juzgando imparcialmente personalidades y sucesos, desarrollando el programa que forma la base y el principio en que descansan nuestras actividades periodísticas: por la Patria y por la Raza,"[19] hasta 1934, ocho años después de su muerte, período durante el cual **Hispano-América** siguió bajo la dirección de su hijo Néstor G. Arce y el general D. Miguel Ruelas.

Arce había sufrido el primer golpe cardíaco en 1914 con motivo de las constantes y fuertes emociones a que estuvo sujeto por causa de las persecuciones revolucionarias. En junio de 1925, después de disfrutar un largo período de felicidad en el exilio, sufre el segundo ataque de corazón; el cual le deja una hemiplegia del lado izquierdo. Para la sorpresa de sus amigos y lectores de su periódico, Arce se recupera de la manera más rápida, y sus facultades

16

mentales en vez de haber sufrido un deterioro se abrillanta-
ron. Sin embargo, no duraría mucho su salud, pues

el lunes 15 (de noviembre de 1926) se levantó tarde como de
costumbre, porque aunque despertaba temprano siempre
permanecía leyendo en la cama hasta que ya calentaba el
sol y después del desayuno comenzaba sus acostumbradas
labores periodísticas. Invariablemente los lunes escribía su
Crónica Diabólica y su Editorial y estos últimos escritos son
los . . . que escribió unos cuantos momentos antes de ser
sorprendido por el golpe de la muerte. A la una de la tarde
tomó su **lunch** y continuó bromeando con sus familares,
pasando después a recostarse un rato siguiendo su vieja
costumbre. Su esposa, que estaba peinándose en la misma
(recámara), oyó ruidos extraños que venían de la cama y, al
volver el rostro, pudo ver al Sr. Arce con el cuerpo inclinado
al lado izquierdo y la faz descompuesta . . .[20]

## El hombre

A pesar de que la vida le había medido fuertes golpes,
Julio Arce nunca se mostró violento ni triste. De hecho,
quienes lo conocieron joven afirman que desde la niñez se
traslucía en él un espíritu jovial. Victoriano Salado Alvarez,
nombre reconocido en la historia de la política y letras
mexicanas, lo recuerda así:

Julio Arce y su hermano Rafael, prematuramente arreba-
tados a la vida, fueron los primeros amigos que tuve en el
Liceo de Guadalajara cuando llegaba yo, muchachuelo
hosco, reservado y de pocos amigos.
Fue con Rafael con quien intimé más pronto porque
nuestras edades se correspondían; Julio era un par de años
menor que nosotros, pero su dinamismo, su ingénita
alegría, su afecto por nosotros, que tenía los mismos toques
de franco altruismo y de cariño amplio y protector que el de
su padre para todos los hombres del mundo, pronto lo hizo
nuestro camarada más querido y nuestro guía en juegos y
travesuras.
¡Las cosas que imaginaba aquel inquieto y bullicioso
chicuelo—no tenía arriba de diez años—y las trazas que le
sugería su afán de broma y su propósito en enredar a todo el

mundo y de destantear a las gentes graves!

Era una exuberancia de fuerza, un afán de lucha, un propósito de tomar en broma esta cosa árida, triste y dolorosa que se llama la vida, que las gentes timoratas que se santiguaban por sus trastadas creyéndolo racimo de horca, también se desternillaban de risa con sus chistes inofensivos y llenos de ingenio.[21]

Pero no se crea que "niño grande"[22] no era frívolo, y todos los que lo conocieron también recuerdan otras cualidades suyas. Benjamín Padilla, el gracioso **Kascabel** de las **"Crónicas Festivas,"**[23] recuerda la primera vez que vio a Arce:

Hallábame en la oficina de un amigo, en la calle que antes fue Bernardo Reyes (en Guadalajara) . . .

Mi amigo me dijo:

—¡Ahí va Julio Arce!

Salí a la puerta y lo vi alejarse lentamente, cabizbajo, con esa abstracción de quien lleva siempre música por dentro.

Su nombre me era conocido y simpático.

Había llegado a Guadalajara como tantos otros, arrojados por las marejadas revolucionarias . . .

¡Quién hubiérame dicho entonces que el destino iba a unir nuestras vidas tan apretadamente!

Su corazón, noble y bueno, sin doblez ni antesala, me cautivó desde el primer momento. Juntos luchamos en aquella época en que aún había fe en el corazón y fuego en el alma. Y el temple de su espíritu, su rectitud de conciencia, su constancia de apóstol y casi, casi, su resignación de mártir, al sonar la hora de los sufrimientos ineludibles, hicieron de Julio mi amigo querido, mi compañero sin par![24]

**juan rodríguez**

# Notas

1. R. E. M., "Un distinguido colaborador de 'La Prensa' ha muerto," **La Prensa,** 16 de noviembre de 1926.
2. Jorge Ulica, Treinta años de galeras ... periodísticas: 1881-1911, manuscrito de la colección Julio G. Arce en la Biblioteca de Estudios Chicanos, Universidad de California, Berkeley. Parte de este manuscrito, especie de biografía, se publicó en **la Prensa** de San Antonio, Texas, del 26 de febrero de 1926 al 12 de noviembre de 1926, fecha en que se suspendió la serie a causa de la muerte de Arce.
3. Ibid., pág. 2.
4. Ibid., pág. 5.
5. Ibid., pág. 11.
6. Ibid., pág. 12.
7. Ibid., pág. 20.
8. Ibid., pág. 55.
9. Ibid., pág. 58.
10. Ibid.
11. Anónimo, "Murió ayer d. Julio G. Arce," **la Opinión,** 16 de noviembre de 1926.
12. **Treinta años de galeras ... periodísticas: 1881-1911,** pág. 83.
13. Ibid., pág. 96.
14. Anónimo, **"Muere nuestro director," Hispano-América,** 20 de noviembre 1926.
15. Entrevista que el que esto escribe llevó a cabo en San Francisco, California, el 15 de agosto de 1978, con don Fortunato G. Arce, hijo mayor de Julio G. Arce; aquél tiene 85 años de edad.
16. Dr. M. J. Urrea, "El décimo aniversario: para Julio G. Arce," **Hispano-América,** 19 abril 1924.
17. Anónimo, "Hoy cumple Hispano-América once años de vida activa," **Hispano-América,** 18 abril 1925.
18. Afortunadamente un ejemplar de esta espléndida edición fue guardado en la biblioteca de la Universidad de California, Berkeley.
19. Anónimo, "Hoy cumple Hispano-América once años de vida activa," **Hispano-América,** 18 abril 1925.
20. Anónimo, "Muere nuestro director," **Hispano-América,** 20 noviembre 1926.
21. Victoriano Salado Alvarez, "Una excelente adquisición de 'La Prensa,' " **La Prensa,** 14 marzo 1926.

22. Anónimo, "Ha muerto Julio G. Arce," **El Imparcial**, noviembre, 1926.

23. Benjamín Padilla, periodista a medio tiempo, pues era principalmente hombre de negocios, fundó en 1906 en Guadalajara la revista satírica de caricaturas y humorismo **El Kascabel**. Esta se publicó hasta 1915. Vid. Heriberto Barcía Rivas, **Historia de la Literatura Mexicana**, Tomo III, pág. 139. Lo que no nos dice García Rivas es que Padilla, al exiliarse en San Francisco durante los 20, volvió a escribir estampas humorísticas bajo el nombre de Kascabel. Estas estampas, cuadros de costumbres, aparecieron en varios periódicos méxico-americanos de la epoca; **La Patria**, de El Paso, Texas; **Eco de México**, de Los Angeles, California; **El Cronista del Valle**, de Brownsville, Texas; **Hispano-América**, de San Francisco, California, entre muchos otros. Es en éste último donde primero encontramos ejemplos de las "Crónicas Diabólicas" de Ulica, y quizás por la influencia de éstas el editor de **El Cronista del Valle** puso los cuadros de Kaskabel bajo el título de "Crónicas Festivas," puesto que en ningún otro periódico aparecen las dos columnas lado a lado y bajo esos títulos.

Padilla sí logró coleccionar y publicar sus crónicas. En efecto, sacó dos ediciones de sus cuadros. La Primera, **Otro puñado de artículos: filosofía barata**, se publicó en Barcelona, España, en 1923. Ejemplares de ambas se guardan en el Archivo Julio G. Arce de la Chicano Studies Library, U.C. Berkeley.

Si bien es verdad que la mayor parte de los artículos costumbristas de Kaskabel pertenecen a la literatura mexicana, hay algunos que mucho nos recuerdan la literatura Chicana contemporánea. Creemos ver en esos ejemplos en los cuales Kaskabel se dirige a temas netamente méxicoamericanos (la pérdida de cultura, la asimilación a la sociedad anglosajona, etc.), el punto en que sus artículos se convierten en literatura méxico-americana. Desafortunadamente en el caso de Kaskabel esa línea no continuó como lo hizo Ulica, principalmente porque, según una entrevista con Fortunato G. Arce, hijo mayor de Ulica, Kaskabel regresó a México después de la Revolución, y allí reanudó su negocio y su vocación. Lejos del ambiente socio-cultural méxicoamericano, dejó de presentar esta problemática en los artículos que escribió al regresar a México. Escrito en 1923, el cuadro que aquí presentamos nos dice mucho de nuestras raíces literarias.

Como ejemplos de sus artículos con temática méxico-americana, véanse en particular "Los que llegan hablando trabado," y "Las que tienen novio gringo," ambos en **Un puñado de artículos: filosofía barata** (Barcelona: Casa Editorial Maucci, 1923).

# LA SEMANA EN SOLFA

# Soy Defensor,
# Pero No Pagano

—Rin . . . rin . . . rin . . . (Ya se sabe que ese rinrrineo es del teléfono.)

—¡Hello!

—¡Hello!

—¿Esta allí el ínclito defensor de la raza?

—¿De cuál raza?

—De la nuestra, — hombre; de la latina, de la hispánica, de la que vive más allá del río.

—Pues creo que soy ése. ¿En qué puedo servir a Ud., señorita?

—Soy señora, caballero, y estoy en un conflicto. Mi marido es muy bilioso, muy corajudo, con un alma de demonio y va a tratar de matarme cuando llegue.

—Pero, señora, ¿qué hizo Ud.? ¿Alguna grave infidelidad?

—No, ahora, no. ¡Palabra! Peor que eso. Se me olvidó sacar al aire la carne y el pescado, y está olisco el beefsteak y manido el bacalao. Eso significa riña segura a mano armada. Venga Ud. luego. Hell, 766.

—¡Pero señora . . . !

—¿Va Ud. a dejar que una mujer de la raza la maltrate un extranjero?

¿O es que tiene miedo?

—Eso nunca . . . Allá voy volando.

La conversación tuvo lugar a eso de las nueve de la noche, entre una dama desconocida y yo. En vista de mis "vinculaciones" con la raza, me puse el abrigo, me encasqueté el sombrero y me dirigí, a pasos agigantados, a la calle Hell.

* * *

Todo aquello estaba silencioso. Ni un rumor de riña, de lucha o de disputa se percibía. Hubos momentos en que creí que la llamada telefónica había sido broma de algún desocupado de buen humor. De pronto oigo, a espaldas de la casa número 768, algo como rugidos de tigre irritado. Presurosamente, fui a colocarme a conveniente distancia de la puerta del "porch."

—Me quiere Ud. envenenar, me quiere matar, está procurando mi exterminio por medio de malos olores y alimentos descompuestos. ¡Mujer infame y sin conciencia! ¡Perra sucia!

Así decía el esposo de la dama que había pedido amparo. Ella se concretó a responder:

—¡No sé lo que ha pasado! ¡Bien fresquito que estaba todo!

—¡No añadas — repuso el iracundo marido — la burla al delito!

Probablemente, allí empezó la riña. Por los aires voló, hacia donde yo estaba, una cacerola cuyo contenido olía de una manera atroz. ¡Fuchi! . . .

El infortunado esposo tenía razón. Comer aquello hubiera sido ir directamente a la tumba fría.

La riña siguió hasta su límite de culminación. Se había agotado todo objeto lapidatorio. Se hablaba gordo, se gritaba, se juraba en distintas lenguas. Por fin, una voz mujeril se dejó oír:

—Me voy de tu lado, y para siempre jamás . . .

Luego, el ruido de una puerta que es cerrada de golpe.

La esposa se introdujo a sus habitaciones para cambiar de ropa, echando llave a la puerta; pero el feroz marido hizo esfuerzo tras esfuerzo para abrir, rompió la cerradura y, sin pararsdientes en que su consorte se hallaba en la primera parte de la operación de vestirse, la tomó por el cuello y, dándola un empellón, la arrojó, diciendo:

—¡Vaya Ud. noramala!

* * *

Creí llegado el momento de intervenir, y, dirigiéndome a la dama expulsada de su propio hogar, le dije:

—Señora, el defensor de la raza viene a protegerla . . .

—Sí, — respondió ella, — ¡Como las palmas de Toledo! . . . Ya pasó lo principal, que eran los golpes y nos dimos muchos, ¡muchos! Pero, en fin, lléveme Ud. a alguna casa honrada. ¡Muy honrada!

Reparando entonces en que la dama aquella estaba sólo con medias, zapatillas, camisa y corsé, la advertí:

—Señora, antes de que lleguemos a cualquier casa honrada nos lleva a la cárcel cualquier policía sin honra . . .

Decidimos esperar. Como hacía un frío espantoso, presté mi sobretodo a la dama y sentados en la banqueta, cabe un recodo de la calle, oímos el rodar de las horas en un reloj cercano. Las diez, las once, las doce . . . De vez en cuando, la señora me decía:

—Espero, caballero, que no me faltará demasiado al respeto.

—No lo tengo pensado todavía, señora, créalo Ud.

Me refirió su historia, desde que empezó su noviazgo con el hombre que la había arrojado de la casa. Había puesto, él, un anuncio en los periódicos diciendo que deseaba cambiar "english for spanish," y como ella deseaba mejorar su "english," llamó al individuo aquel. Principió el intercambio de voces. Al principio eran voces dulces, armoniosas. Sólo se hablada de "love" caricias, ternura, "lots de kisses," y otras lindezas. Hubo matrimonio y el estado del léxico fue siendo más enérgico hasta que se llegó a los "tales por los cuales" en "spanish" y a los "foolish," "son of a gun," y "black dogs" en "english."

¡Como Siempre!

* * *

A eso de la una de la mañana, manifesté a la señora, quien ya me había dicho llamarse Mrs. Moisés Bicher, que era hora en que los más celosos gendarmes se duermen y que, por lo tanto, podíamos ir en busca de posada en casa de sus amigas predilectas. Pero unas no abrieron; otras, asomándose por la ventana nos dijeron que no tenían donde acostar a la dama porque no había más cama que la matrimonial y en esa no se admiten huéspedes, y al final, otra "íntima" de la pobre mujer, que ya había ofrecido darla alojamiento, al ver como quedó al quitarse mi sobretodo, exclamó indignada:

—¡Váyanse de aquí, sinvergüenzas!

Así juzga el mundo acciones tan bellas como la mía.

Convenimos en que iríamos a los baños donde esperaría ella el nuevo día a fin de agenciar la ropa, y poder así, decentemente, dirigirnos a un hogar amigo. Me dio una lista de lo más indispensable que podía necesitar, quedando entendidos de que ella quedaría en remojo hasta las once.

Pero sucedió que en la lista había anotados desde zapatos "Bryan" hasta pieles de zorra legítima; desde ligas "Mary Garden" hasta cadenillas de oro con pendentif. Aquello, según los peritos de una tienda (costaría) $450.00 cash.

Y como eso del "cash" es horroroso, hice mutis y no volví a la casa de baños donde supongo que Mrs. Bicher habrá encontrado alma caritativa que la haya provisto de lo que había menester . . . O se disolvió en el agua.

3 de mayo, 1924

# Cornelio y el Prietito

Ha llegado a su punto más culminante y más candente la triste tragicomedia de una guapísima dama californiana, oriunda y vecina de Los Angeles, quien, en un rapto de pasión, dejó al marido y se marchó con un corpulento negro.

Ella es hermosa: rubia como una espiga madura y flexible como una palmera. Al marcharse, dejó una carta al pobre Cornelio (supongo que así se llamará el marido) diciéndole que no se iba con el "black man" por su gusto; pero que el hombre de color era muy malo, casi una fiera, y había prometido acabar con toda la raza, si la gentil dama no le acompañaba en un viaje de fuga.

Y se fugaron. . . .

El marido, creyendo la historia, siguió la pista a los prófugos, acompañado de un escuadrón de detectives, y atrapó a los tórtolos, cuando estaban en medio de los más dulces currucutucús.

Es el acto primero.

* * *

Acto segundo.

Mr. Cornelio, o sea el marido, interroga al negro:

—¿Por qué se llevaba usted a mi mujer? ¡Es muy mía!

—Oh, sí. Seguro que es tuya; pero ella me convidó a este paseíto. ¿Qué iba a hacer yo?

—¡Mientes, miserable! ¡Mi mujer no es de ésas!

—Pues pregúntaselo a ella.

—¿Es cierto, queridita mía, que tú, por tu solo gusto, te fuiste con ese negrote tan prieto y tan feo? preguntó Mr. Cornelio a su consorte.

—Sí, perdóname, chulo, pero estaba tan hastiada de los blancos . . .

—¡Qué ingrata! ¡Preferir a un negro de esos, que huelen a charol y dejarme a mí, que soy huero, colorado, hermoso y oliente a heno fresco!

—Perdóname, cielo. Ya no lo volveré a hacer nunca más. Never more!

—Bueno, te perdono, pero que se vaya el prietote ése.

—Oh, ¡sí! Yo me voy y tú te quedas. Ya no hay negocio para mí . . .

Dijo el negro, y desapareció dejando un fuerte olor a chapopote.

Los esposos gimotearon, lloraron, se abrazaron, se dieron varios ósculos y cayó el telón.

* * *

Acto tercero.

Mr. Cornelio se presenta ante la Corte pidiendo su divorcio.

—Pero hombre, le dice el Juez, ¿no se había reconciliado Ud. ya con su esposa?

—Sí, ciertamente, pero es preciso . . .

—¿No la quiere usted?

—Creo que sí. Es posible.

—¿Han reñido?

—¿Ha vuelto el negrote?

—No. ¡Good ems!

—Entonces ¿qué pasa?

—Oh, ¿Qué pasa? Que el negrote no ha venido, pero en poco tiempo, siete u ocho meses, vendrá un negrito. ¿Comprende Ud.? Y yo no quiero ser papá de un baby prieto. ¡Seguro!

El divorcio fue decretado.

(Telón rápido y . . . gran marcha.)

26 de febrero, 1916

28

# El Mexicano de Fiesta

Cuando más se les echa de ver lo mexicano a algunos compatriotas, es cuando se acercan las fiestas patrias. En todo el año, ni por pienso se acuerdan de que, al otro lado del Bravo, tuvieron su cuna. Lejos de ello, cuando se quieren "agarrar" una buena "chanza," lo primero que dicen es que no son "mexican" . . . Al diablo con los "mexican" . . . Pero no se lleguen los primeros días de septiembre, y hay en lontananza bailecitos, rigodeos y demás, porque entonces, sí: "¡Mexicanos, al grito de guerra!" Y aunque hayan pedido los primeros "papeles" y los segundos, y todos los papeles, se declaran "rete" mexicanos, mexicanos en grado sumo, ultramexicanos. . . .

Y es que, como quieren andar de fiesta, sea para lucir la figura o para algo más positivo, se mexicanizan pro-témpora, después de haberse desmexicanizado sabe Dios cuántas veces.

¿Cómo ha de ser posible que en el "baile del 16" no se les vea con más florones que un toro banderillado, andando de aquí para allá, dando órdenes a pulmón "batiente" y dándose un taco que ni el Czar de todas las Rusias cuando estaba en el candelero? ¡No puede ser!

Pero si les rascamos un poquillo, bajo los florones tricolores, ni hay ni pizca de amor a la patria. Sólo deseos de divertirse y deseos de ostentación ·

That is all!

De aquí que sea difícil unir a esos elementos . . . No hay

quien quiera ocupar sino el primer lugar, el más alto, el que traiga aparejados más relumbrones y más exhibicionismo, y como no es posible que toda la baraja se vuelva aces, se hace necesario que sean muchas las fiestas y no una sola, para que haya mesas decorativas a montón, florones por centenares y cintajos a granel.

En un pueblo de cuyo nombre no puedo acordarme, porque tengo una memoria fragilísima, uno de los clubs mexicanos celebraba junta, para acordar los festejos que debían hacerse el día de la Patria. Los miembros de la Corporación, que sólo iban a las sesiones cada venida de Obispo, se hallaban todos, con la elocuencia a flor de labio, lista para desbordarse cuando el caso lo requiriera.

Previas las tramitaciones de estilo, y traído el punto a discusión, principiaron a presentarse los más extraordinarios proyectos.

—Propongo, dijo alguno, — que en los programas se ponga el retrato de Hidalgo . . .

—¿Y para qué? . . . ¡El retrato de Hidalgo! Esas son tonterías . . . ¡Al cabo, los americanos ni lo conocieron! ¡Eso no trae gente! Vamos gastando mejor ese dinero en poner los retratos de la mesa directiva y el de las muchachas que van a cantar el "HIMNO."

—"Asegundo" la proposición de este señor, — añadió otro socio.

Y se acordó que en lugar de la efigie del Cura de Dolores fuese en los programas un cuadro muy "mono" con los retratos de los funcionarios de la mesa directiva.

Enseguida, habló el Presidente:

—"Hermanos: Necesitamos presentarnos decorosamente ante el público en general y los amigos en particular, el día del baile. No podemos prescindir de ello por dignidad nacional. ¿Qué dirán las naciones extranjeras? Así es que propongo a ustedes, amados hermanos, que se hagan para la Mesa Directiva, collares especiales, distintivos vistosos y florones artísticos."

—¿Es—respondió uno de los que no eran de la "Mesa," — que los demás no vamos a llevar "ni agua?"

—Sí, señor. ¿Cómo no han de llevar? La comisión de

obsequio: florones y bandas azules; la de "piso": collar y gualdrapa roja, y la de órden: un cetro, o sea macana, adornado con cintas de los colores nacionales y con una inscripción de oro que diga "REMEMBER THE DANCE."

Un aplauso estrepitoso se dejó oír entre aclamaciones delirantes al Presidente que hubo ideado tan hermoso proyecto de distintivos . . .

Pero cuando el Presidente los mandó confeccionar, hizo el encargo especial, de que todos los colgajos que él debiera llevar, serían anchos, grandes, con fleco de oro, con unos letreros muy vistosos y con cascabeles; medianejos para la Directiva, y para los demás, distintivos baratones y "feyotes."

La noche de la fiesta, la Mesa Directiva se doblegaba al peso de las condecoraciones, listones, rosetas, florones, collares y macanas. El presidente era el más enchamarrado, y su altiva testa surgía de un mar de cintas y listones verdes, blancos y rojos.

Como un pavo real, paseó sus listones por el inmenso salón de baile durante toda la noche, y, cuando la aurora vino a decirle que aquello iba a concluir, sintió una nostalgia inmensa: la nostalgia de los relumbrones.

* * *

Días después, se presentó la cuenta de gastos, que fue, poco o más o menos: música, $34.00; salón, $40.00; vinos, $60.00; distintivos, $119.89 . . .

La cuenta fue aprobada, previa la protesta de algunos socios, porque les habían tocado distintivos sin campanas y sin fleco de oro.

* * *

Yo ya me traigo mi proyecto para el año entrante, a fin de que todo el mundo esté conmigo, y se deje venir esa unión de que tanto se ha hablado.

Todas las comisiones vestirán trajes de luces, de distintos colores, predominando los más chillantes. Al Presidente, que seguro seré yo, lo vestiremos de colorado con incrustaciones de oro, y con mitra, y los distintivos para toda la concurrencia (¡Vaya unos DISTINTIVOS!) serán luminosos detonantes. Cada vez que la escena requiera, se encenderán y producirán disparos y así todo el mundo estará contento, las comisiones se sentirán orgullosas y el Presidente no se confundirá con otro alguno de los circunstantes . . .

En cuanto al Cura de Dolores, hay que convenir en que, si lo hacemos figurar en las fiestas patrias (?), su blanca figura, radiante y luminosa, puede opacar relumbrones y cintajos. Así es que . . . mejor no lo tomamos en cuenta y que . . . ¡Viva México! mientras cae una "chanza" para decir, cuando mucho, que somos "spanish" . . .

**14 de septiembre, 1918**

# La Peste Spanish

Y sabrán ustedes, lectores míos muy amados, que se viene por allá una influenza de marca mayor, mayúscula, monstruosa, capaz de acabar con todos los que no sean cautos, morigerados y prudentes.

Indudablemente que eso, de por sí, es malísimo: pero es más malo aún que la tal influenza, que es una mala influencia, sea nada menos que "spanish." ¡Para acabarla de amolar!

Con la cuestión de que todos los que hablamos la lengua de Cervantes somos "spanish" vamos a ser víctimas de maldiciones, aburridoras, mensajes a la familia y otras demostraciones tan cariñosas como ésas.

Cualquiera que se vea abrumado por la plaga, a tose y tose, con una garraspera perruna, con dolores por todas partes y con un sin fin de microbios interior y exteriormente, va a mandar normala, a la "spanish" enfermedad, a los "spanish" y a todo lo que huela a descendiente en línea directa, indirecta or circunstancial de nuestra madre patria.

Que ya estamos en cuarentena, aún antes de que se deje venir con ganas la tal influeza o la influenza tal, lo prueba el hecho de que apenas estornuda uno, "de la Raza," aunque sea porque tomó polvos, cuando los vecinos se cubren boca y narices con los pañuelos impregnados de pestiferantes o desinfectantes, para impedir que un chorro de bacilos, de espirilos, de micrococos o de otros culebrones de mismo pelo, se las introduzca por allí y les ponga en cama.

* * *

En el restaurante de "a quince centavos," en donde acostumbro tomar mi "lunch," me preguntaron, hace días, cuál era mi nacionalidad. La dí sin titubear; pero no contentos con aquello, los propietarios, administradores y meseros del establecimiento, me siguieron haciendo interrogaciones, hasta que me arrancaron la confesión terrible de que hablaba "spanish" . . .

—¿"Spanish?" preguntó una japonecita que la hace de cajera, bookkeeper y fregatriz de primera.

—Sí, hermosa "musmé," "spanish."

—Es un idioma "very fine," exclamó.

Y al mismo tiempo, se retiró a respetuosa distancia mía . . . Al otro día, a la hora de comer, el "manager" y mesero de segunda, me suplicó atentamente que pasara al salón especial que se me tenía preparado. Yo, que soy un soñador, pensé que mis amigos muy queridos habían dispuesto alguna "surprise party" en obsequio mío, y empecé a buscar las palabras dulces, armoniosas, musicales, melífluas que, agrupadas en un brindis, pudieran manifestar mi agradecimiento sin límites ni fronteras, a la hora del champagne, pues creí, a pié juntillas, que una sorpresa no podía ser completa sin el espumoso a la par que costoso líquido, embriagador hasta las equis . . .

Pero, nada . . . Sólo encontré allí a otro individuo que pelaba rabiosamente una papa cocida.

—¿A usted también lo trajeron aqui?—me preguntó en perfecto español.

—Pues ya lo ve usted.

—¿Y a qué no sabe por qué?

—Lo ignoro por completo . . .

—Pues dicen que, como hablamos "spanish" nos traemos la "spanish" influenza . . .

Al salir observé que platos, trinches, servilletas, cuanto nos había servido para comer, iba a dar a un perol de agua hirviente para que se desmicrobizara.

Lo único que no se sujetó a la acción purificadora del fuego, fueron los quince centavos, "nickel coin," que sin

34

escrúpulos fueron a dar a la caja de los dineros . . .

Y la japonecita, que con muy dulce y tierna voz me decía a diario "come again," ni siquiera despegó los labios . . .

Desde ese momento, cuando entro a algún lugar público, lo primero que hago es estirar las narices para no hablar mormado, y en seguida suelto la linda lengua que Dios me ha dado:

—Atalacoyatumichotapolafamugaticontinzon . . .

Al oírme, cualquiera piensa que soy chino y no supone que un chino, por infeliz que sea, pueda contagiar a un cristiano de "spanish influenza."

* * *

Desgraciadamente, no todos lo creen a uno hijo de la China. La otra noche fui a visitar a una amiga mía que vive en Oakland y que se casó, no ha mucho, con un ciudadano de este país. Me recibió amablemente, me tocó la guitarra, cantó la "Adelita" y la serenata de "Chober," según ella decía, y me dio galletas, oporto y rompope.

Cuando el marido de mi paisana se presentó en escena, me echó unos ojos fieros, después de la cual, llamó aparte a mi amiga y se retiró. Ella me había convidado a pasar la velada en su casa, para ir otro día, muy tempranito, con su esposo, a un rancho cercano, y cuando volvió de la conferencia conyugal, me dijo:

—Cómo lo siento, paisanito, pero voy a tener que ponerlo a dormir en el "porch," porque mi marido es muy aprensivo y como Ud. es "spanish," dice que nos va a traer esa peste que anda por ahí.

Pero, paisanita, usted también es "spanish," y el tal caso . . .

¡Ah! Pero yo ya no soy "spanish." No ve que me casé con americano . . .

—Es cierto . . . No reparaba . . . Pues el "porch," paisanita . . . Ya no hay "bote" para regresar a San Francisco . . .

—Bueno, paisanito, lo voy a poner a dormir con el chico de la Librada, la cocinera, que está un poco tosijoso, porque no hay otra cama; pero el muchacho no despierta en toda la noche . . .

Me resigné . . .

Estaba en el primer sueño, cuando gritos espantosos me despertaron . . .

—¡El diablo! ¡El diablo!—gritaba el condenado muchacho que me vió cara luciferina, y, apuntándome, seguía dando grandes voces: ¡El diablo! ¡El diablo!

Vino la Librada y cargó con su chamaco: pero el chicuelo, con el miedo, hizo cosas tales, que justificó el proloquio aquel que dice que, el que con muchacho duerme . . . buena sombra lo cobija.

Al amanecer, mi paisana tuvo el descaro de irme a preguntar cómo había pasado la noche . . .

—Paisana, atroz, terrible . . .

—Pues Mr. Thompson tenía miedo que la trajera usted la peste.

Ay, paisana, no la traje: pero me la llevo . . . ¡Foo!

Y desapareció como alma que se lleva el diablo . . .

5 de octubre, 1918

# La Spanish Influenza

Por andarme metiendo a defensor, he sacado una filípica de padre y muy señor mío, enderazada epistolarmente por una apreciable señora, a quien no tengo el gusto de conocer; pero que se halla indignada hasta la cólera, porque no atiendo como debiera, la defensoría. He aquí la carta que he recibido y que textualmente copio, para que todo el mundo se dé cuenta del caso:

"Sr. Licenciado del papel español en el 'bilden' de Montgomery. Muy señor mío: Ud. nomás dice que defiende a la 'racia' y defiende una triste. Se hace como ésos que ponen en las ventanas de la 'marketa' unos 'bananos' muy buenos y que cuando los compra uno están duros, o como los 'retratistas' que 'outside' ponen retratos muy 'naises' y que cuando uno se va a 'retratear' la ponen con cara de 'sanabagán.' Le digo esto porque bien sabe usted que estamos muy 'sorris' por una peste que le dicen la 'afluencia' y que la traen unos 'microbios' muy ponzoñosos, y muy bravos, sin que 'su mercé' nos hay dado 'chanza' de decirnos cómo son esos animales, cómo los 'agarraremos' y cómo los 'volveremos patrás.' En lugar de hablarnos de los 'surmarinos' y del chisme ese de la guerra, y de los 'clús' y de todo los demás, diga cómo vamos a librarnos de la peste, cómo nos curamos, y cuál es el santo más milagroso contra esa plaga. Tengo siete de familia y quiero que nos dé 'chanza' para que no nos llegue la 'afluencia.' El más chiquitín de los chamacos ya tiene tos y está arrojando muchas 'blasfemitas' por la boca. Suya, Mariana de Shirlock."

* * *

Cuando recibí la misiva me puse a reflexionar seriamente sobre mi situación, y tras dejar correr el vendaval de ideas, resolví complacer a mi co-raceña dándole santo y seña de cuánto quiere, a fin de que no me moteje y me tome por descuidado e indiferente ante los dolores, los calofríos y los constipados de la Raza.

* * *

Debo decir, desde luego, a la respetable matrona Shirlock, que, gracias a Dios, no soy licenciado, ni de presidio ni de los otros. No conozco más líos judiciales que los relativos a las demandas por falta de pago, entabladas contra mí por los "ingleses" implacables y que fuera de los pleitos tenidos at home, desconozco los otros.

Ruego, pues, a la amorosa madre de siete pimpollos que me libre de los títulos a que no tengo derecho, para no incurrir en las penalidades de los códigos y para no caer en las uñas de los "huizacheros" que pudieran envidiar mi nombre y mi fama.

Siento lo de los plátanos y lo de la cara de "sanabagán" y me permito indicar a usted que cuando vaya a la "marketa" escoja de los "bananos" de la "ventana," y cuando el "retratero" la reproduzca, procure usted ir pintada, peinada y acicalada. Puede que así "coja la chanza" de salir como una querubina madre o como la madre de los querubines.

* * *

En cuanto a los microbios, confieso a usted, francamente, que no sé cómo sean, y que mis investigaciones con médicos, bacteriologistas y sabios, no me han sacado de la duda. Unos dicen que se llaman bacilos, que son cabezones, con dos colas y con cuernos; otros, que son chiquitos, con resplandor, con cinco patas y con cuatro bocas; hay quien afirma que no son sino redondos, muy redondos, con un solo ojo; y, por último, quien manifieste que son cuadrados y con uñas. ¡Vaya usted a saberlo!

La manera de cogerlos, vivos o muertos, no me la han enseñado, pero supongo que será muy variable, según el tamaño, la bravura y las "mañas" del animal. A unos se los podrá coger con trampa, a otros con pinzas, a otros con red . . . Yo no sé . . . Pero creo que si usted se dedica a la caza de esos gérmenes morbosos, pronto dará con ellos. Verá usted. Cuando se sienta que algo le pica, lleve su diestra al lugar pinchado, busque bien y encontrará, porque bien sabido es aquello de "buscar y hallarás" . . .

Puede usted dar con una pulga o con un piojo. Ya sabe usted el procedimiento para ultimarlo: a ruido de uña. Si es un animal que usted no haya visto antes, en jamás de los jamases, es un microbio. Echelo en alcohol, lléveselo a un médico, báñese con mucha agua, con mucha, y "refriéguese" con mucho jabón y no habrá microbio que resista al tratamiento. De seguro que "los vuelve patrás" . . .

* * *

Por lo que respecta a santos especialistas, no ando muy bien enterado. He oído decir que San Antonio es el patrono de las niñas que procuran novio; que Santa Rita de Casia es abogada de imposibles; y que San Bartolo proteje, aunque no mucho, a los flojos; pero ignoro por completo quién sea el santo apropiado contra pestes y microbios.

Pero, como quiera que sea, entiendo que usted y sus chamacos no tienen derecho a la protección celeste, porque si el más chiquito, el que tiene tos, arroja, "blasfemias" por su boquita, no sé que harán los demás miembros de su apreciablilísima familia . . .

* * *

Termina usted su carta, señora de Shirlock, diciéndome "suya," es decir, mía, y suplico a usted que reflexione sobre el particular en fin de evitarme malos ratos "abroad y at home."

Si su marido de usted, el señor Shirlock, llega a saber que usted se dice mía, y tiene vergüenza marital y un garrote en mano, me rompe la testa.

Y si mi mujer, pues soy casado, se entera de que usted es

mía, aunque sea por cortesía, me araña . . .

Sírvase, pues, no cambiar de propiedad en lo que a su persona respecta, y dedicarse, en cuerpo y alma, a la captura y ejecución de los "basilio" de la "spanish" influenza . . . Amén.

12 de octubre, 1918

# Redactor del Papel Spanish

"Redactor del papel spanish:—Nosotros queriendo Ud. viene nuestra casa aprisamente, para que diga alguna habladuría muy bonito del maestro de spanish que nos llegío de Madrid, dos años pasados y que prácticamente es maravelous, pues los pupilos hablen O.K. castellian y cantaran mismamente."—The Foreign Language Teachers Co., Inc.—L. B. Steiner, Sec.

Esa cartita la recibí a fines de la semana última, y tras ella vinieron dos o tres invitaciones telefónicas para que fuera a ver a un prodigio de maestro de español, importado directamente del mismísimo Madrid, y el que, según su propio decir, hace hablar español, con unas cuantas lecciones, hasta a los animales.

Algo por curiosidad y algo también por cumplir mis deberes periodísticos, acepté la invitación y me trasladé a las oficinas de la Compañía, situadas en uno de los más céntricos buildings de San Francisco.

Penetré a ellas, di mi nombre, y a renglón seguido se me presentó un míster muy tieso y muy elegante quien me dijo era el Secretario General de la Compañía. En seguida me trajeron al gran "teacher."

Aunque el profesor se empeñaba en pronunciar las zetas a la española, desde a legua se comprendía que era un íbero falsificado. Me llevó a su departamento, a donde me acompañaron los miembros principales del Board de Directores, y al presentarnos en la clase, los alumnos y alumnas, puestos en pie, empezaron a cantar.

El "maestro" me dijo que lo que los discípulos cantaban era la Marcha Real, en español. Era el pasa-calles de "La Gran Vía," seguramente cantado en griego, pues no pude entender palabra.

Nada dije por no perjudicar al maestro.

Este, entonces, me explicó que tenía dos "grados," el "lower" y el "high," y que en uno y otro tenía maravillosos discípulos, como lo veíamos en aquel triste instante.

* * *

Dio un reglazo en el pupitre, las jóvenes y los jóvenes discípulos se pusieron en facha, y el interrogatorio comenzó. El profesor se dirigió a unos cuadros murales donde estaban dibujados animales, objetos caseros, edificios, puentes y una multitud de cosas más y apuntó a una robusta vaca:

—What is it, Mr. Palmer?

—Una torro, respondió el interpelado . . .

—No, no good, Mr. Richards, please.

—Mí piensa siendo una torro.

—¿Cómo se llaman propiamente, Mr. Linder?

—Oh! Mí sabe. ¡Una Torrera!

—Oh, no!

—La musqué del torro . . .

Medio amostazado, el "teacher" les dijo a sus caros alumnos—Ya les he dicho que esto es una vaca.

—¡Carramba! ¡Uno vaca! Mí no ricordando, dijo uno.

Y una miss muy linda y muy pizpireta, preguntó al maestro:

—¿Pienso posible llamar Mrs. Torro a la vaca?

—¡No, señorita, no!

El maestro, nerviosísimo, tomó luego el pañuelo e hizo la sacramental pregunta:

—What is it?

Pero en el momento de decirlo, lanzó un formidable estornudo.

—La flú, la flú, contestaron en coro los discípulos.

Pidió rectificación, mostrando el pañuelo, y otra aventajada discípula respondió.

42

—Pañales.

—Pañuelo, señorita, pañuelo, el pañal es otra cosa.

—Mí conoce . . .

—Qué cosa es pañal, Miss Farrill?

—Oh, pañal siendo uno trapo conque envolviendo los niños chiquitos hacen muchas veces misma sucia cosa.

—¡Perfectamente! All Right!

* * *

Ud. Mr. Pollin, recite algo.

—No mi ricuerda.

—Una cosa sencilla.

Y a poco empezó:

Get up! Get up! Mi tiene uno morrongo gato . . .
que cuando muy enojado lo pone arriba
Get up! Get up! Mi tiene uno kiddie
Con su cabello mucho fine.

La clase entera aplaudió al recitador, uno de los más aventajados del high grade.

Y la niña mimada, la "enfant gaté" de las clase superior, fue invitada a entonar un "spanish song":

La linda discípula, porque era muy linda, cantó así:

Si Adelita, yéndose con otro.
Mi siguiéndola todo el tiempo,
Por agua, en un dreadnought
Y en el tirreno, por railroad.

Hizo gracia de las demás estrofas, adaptadas, como ésta, a la comprensión de los discípulos . . .

Me dio malísima espina que el Morrongo y la Adelita fueran los trozos favoritos del Profesor, y cuando salí de allí me puse a hacer investigaciones, resultando de ellas que el teacher, Mr. Pedro de la Concha de Palomar no es español, sino oriundo de Tacuba y era uno de los coristas de "cola" en el Teatro María Tepache, de México . . . Don Concho Palomo.

Ahora es spanish, y enseña a hablar, a cantar y a bailar en español.

Con razón tiene tan basto, que no vasto, repertorio . . .

Y así hay muchos spanish "teachers" . . . ¡Ayúdenme Uds. a sentir . . . !

**24 de diciembre, 1918**

43

Fundadores, el 3 de abril de 1912, de Prensa Unida de Guadalajara. Primera fila, de izquierda a derecha: Enrique Delgadillo y Gutiérrez "Democracia", Cayetano Gómez Peña, Benito Ortega, Javier Guerrero, José Aguayo y José Luis Fregoso Rojas. Segunda fila: Manuel Esparza Farías, Adolfo Hernández Marín, Enrique C. Villaseñor, Rafael G. Suro, Luis Gutiérrez Trillo e Ignacio Razón Guerrero. Tercera fila: José R. Santoscoy, Cosme Delgadillo, Enrique Díaz de León (primer rector de la Universidad de Guadalajara), Eusebio Sánchez Salcedo y Narciso Parga. Centro: José G. Solórzano, Benjamín Padilla, licenciado Julio G. Arce, primer presidente; Agustín Arreola Valadez, Félix C. Vera y licenciado Luis Galindo. Sentados: José G. Zuno, más tarde gobernador de Jalisco y fundador de la Universidad de Guadalajara; Reynaldo Esparza Martínez, Agustín Santoscoy, Lic. Daniel Galindo y Enrique Gómez Salcedo. (Del archivo de Prensa Unida de Guadalajara, A. C.)

# Iglesia Islamito-Metodista

Como invitado de honor, fui llamado a la inauguración de la Iglesia Islamito-Metodista, "Spanish branch," fundada por una nueva secta religiosa.

¡Invitado de honor! ¡Qué honra para la familia!

Los programas decían que habría música, canto y predicaciones, hechas éstas por un orador traído de la frontera texana, ducho en predicar en "spanish language." Todo me pareció "perfectamente all right!"

Llegué a la iglesia, y me quitaron el sombrero y diez centavos por tenérmelo guardado. Ocupé mi asiento, un asiento reservado para los invitados de honor, y poco después dieron principio las ceremonias.

La parte musical, como dicen los cronistas "sociales," fue variada. Nos cantaron, a los concurrentes, varios himnos sagrados, otros mundanos y, en español, un español "sui generis," "La Paloma," "La Golondrina" y el jarabe tapatío, con versos adecuados a la ocasión.

Después vinieron las predicaciones.

* * *

Abordó la mesa, colocada a guisa de tribuna o de púlpito, el reverendo padre islamito-metodista Wilbur Grisweel, que es tenido como una notabilidad en materia de oratoria en español.

Primeramente nos pidió que invocáramos a Mahoma y a varios otros personajes para que le ayudaran con la carga; es decir, con el discurso, y yo lo hice de buena gana, pues bien se notaba que el Reverendo lo necesitaba.

En seguida, nos suplicó que diéramos algo para las misiones que en Mesopotamia se encargan de los huérfanos y de las viudas. Aflojamos la mosca.

Empezó el sermón, de la siguiente manera, más o menos, pues no estoy enteramente seguro de mis apuntes taquigráficos:

"Hermanos míos querridos: Esta Eclesia bonita, nuova, que está abierta en el día de hoy, es para que Uds. viniendo lavar sus pecados sucios. No diferencia cuáles pecados sean, no importa siendo muchos o puquitos, ellos todos se lavan mismamente que el grasa con gasolín. Para lavar mucho bien los pecados, no hay como pagando correctamente limosnas. Ahora pido una limosna chiquita para los gorfanitos y las viudas en Petrogrado."

(Circuló el plato de la colecta y los coros cantaron un himno sacro.)

* * *

El orador reanudó el interrumpido discurso:

"Unos cuantos minutos pasados yo decir ostedes cuan feos son los pecados sin que ostedes los laven con tantita oración y tantita limosna. Misma cosa que un grano que tienen adentro mucho pudrimiento y no se le echa fuera prontitamente. Hay pecados podridos grandemente y otros, pequeñitos, que con los grandes los hacen más podridos y pestilenciosos. Porque los pecados, no importa el tamaño, 'any kind,' todos son malos. Pero con puquita oración y limosna, se muere el pudrimieto, se acaba el peste y todo se pone 'plain.' Pregunto yo por una oración y una otra limosna chica para las viudas y los gorfanitos de Cochinchina."

Nueva pieza de música, correada, y recolección de donativos.

* * *

El Reverendísimo continuó con la parte más interesante de su discurso:

"Mochos preguntándome por los dialblos y por el Enfierno. Yo sabe mucho de estas cosas porque yo estudia ellas todo el tiempo. Los dialblos son más bravos y feroces que el pantera y que el lechuza y que Pancho Vila de quien bastante sabiendo los 'mexicans.' Nunca quietos y todo el tiempo empujando reciamente a los hombres y a las muqueres al pecadamiento de sus pobres almas. Pero con la oración y la limosna, ellos corren aprisa, aprisa, mismo que un rata cuando el gato, quiete por cojerla. Favor de una pequeñita limosna para los gorfanitos y las viudas de Afghanistán."

Nuevo canto y nueva extracción de fondos.

* * *

El final de la prédica islamito-metodista fue sublime y se refirió a las penas del Infierno:

"No sabiendo ostedes, dijo el predicador, ¿cómo pasan los pecadores much mal tiempo en el Infierno? Tiempo muy malo, muy malo, Ostedes preguntándolo al Ministro Voliva de la Zion Church. Él lo sabe. Él dirá ostedes que gentes borrachos siempre nadando en un grande tanque con whiskey; si ustedes fuman y comen tabaco van siendo aventados a una casa llena de fumo de tobaco, y los que quieren amor muy grande para muchas muqueres tiene allí señoras con boca de culebreras pongan caricias de besitos y mordidas en la cara de ostedes. Posiblemente salvo ostedes de esos horrorosos cosas. Favor darme una limosna para gorfanitos y viudas de esta Eclesia que se abre hoy, completamente 'fresh.' "

Vino la nueva colecta, dí lo que pude, oí los cantos finales y me retiré.

**5 de febrero, 1921**

# Doña Tomasa

Con el plausible motivo del "acrecentamiento de las relaciones comerciales entre Latin-America y United States," que dicen algunos, las grandes negociaciones estadounidenses han establecido "spanish departments." En ellos se procura comerciar con el "latino" que se deje, lo mismo en instrumentos para bandas de música que en cornetas para automóvil. En cuanto a exportaciones, se recibe lo que manden las veinte hermanas repúblicas: petroleo crudo o cocido; pieles de chivo, de oveja, de toro o de murciélago; café en greña y desgreñado, crudo y tostado; plátanos frescos y sin frescor; tomates con gusanos y sin ellos; monos de barro desquebrajados, y familias que vienen de paseo.

Cada departamento "español" necesita, para su debido desarrollo y progreso, un jefe, una estenógrafa, un mandadero de primera y un cicerone. Así es que ahora los "spanish" no podemos quejarnos de falta de trabajo. Lo hay de sobra, y basta que se presente uno a cualquiera poderosa casa mercantil diciendo que parla el rico y dulce idioma de Cervantes, para que lo tomen en seguida en calidad de empleado de categoría.

No importa que el solicitante escriba Can Calvador, en lugar de San Salvador, Guacaca por Oaxaca, y Cuaito en vez de Quito. Eso es "peccata minuta." Lo principal es saber decir, con gracia y salero, al llegar a la oficina:

—Muy güenos días, siñor. Así con i.—Y con geta.

Los jefes del establecimiento hasta bailan de gusto.

* * *

Un "spanish" de San Mateo, Cal., o sea un pocho por los cuatro lados, vino en consulta a referirme sus cuitas y a tomar consejo:

—Me dan un buen "job" en la Mexican, Central and South American Exporting and Importing Company. Tengo "chanza." He dicho al "boss" que vine de "Sauzamérica"; pero un condenado que me conoce le ha indicado que soy "pocho." Como podré arreglar la "trouble?"

—¿El "boss" sabe lo que significa "pocho?" — pregunté. No. El no lo sabe, yo pienso.

—Pues sencillamente dígale Ud. que es pocho, de Pochía, América del Sur.

—¿Y si me "cuestiona" dónde es Pochia?

—Conteste Ud. que está en Venezuela, en Paraguay, en Patagonia, en cualquier parte . . .

—¡Sí! ¡All right! ¡Dice Ud. bien! Y si "agarro" el "job" de "manager" del Departamento, también le doy a Ud. "chanza."

—Bueno, pero no ande Ud. después con chanzas. ¡Que sea cierto!

* * *

Mi amigo el pocho fue nombrado jefe de Spanish Department y a mí se me nombró guía.

Dos días después de mi ingreso a la casa hice mi début como guía. En un de los vapores de la Mala se dejó venir la familia Recio, procedente del mediodía. Su jefe es "nuestro" corresponsal y "nuestro" banco único en aquellas regiones, por lo que recibí ordenes especiales para atender, cuidar, divertir y regocijar a sus gentes.

Componían la familia, Dña. Tomasa Chiquete de Recio, la señorita Aparicia Recio y los niños Perico y Paco Recio. Dña. Tomasa era una vampira, a pesar de sus años y de su marido; Aparicia, una aparición celestial, una verdadera hurí, y los muchachos un par de demonios, feos, prietos, malcriados y traviesos.

50

Los llevé a donde quiera que pudieran encontrar novedades, y en todo las hallaban: se embelezaban ante los aeroplanos que surcaban el espacio; se quedaban lelos contemplando los rasca-cielos; veían azorados a los directores de banda que iban haciendo muecas al frente de sus corporaciones musicales, y no cesaban de mirar por las noches, las combinaciones de colores de los anuncios luminosos.

Tres días los traje de la Ceca a la Meca, por calles y plazas, con Dña. Tomasa bien colgada de mi brazo, dándome una que otra mirada incendiaria y aún arrimando mucho sus labios a mi faz. Parecía esperar que en un rapto de entusiasmo tuviera yo un atrevimiento y la besara. ¡Pero no me atreví! Portaba bigotes, dientes estilo "fuchi" y protuberancias granulares repartidas en toda la faz. Me declaré incapaz de faltar a la fidelidad conyugal, que allá, hace años, juré ante el altar, a la estimada señora a quien di mi mano, mi nombre, el anillo matrimonial y una caja de perfumes.

—Dña. Tomasa, —dije a la Sra. Recio, —bien comprendo lo que Ud. me pide: ¡amor! Pero soy un hombre casado y el amor es cosa que se necesita en el hogar.

La señora no recibió aquello muy bien; pero se resignó.

Llevé a la familia a Chinatown, donde chicos y grandes estaban encantados. Nada más hermoso para ellos que ver los edificios chinescos, a los mongoles con sus trajes originales y a las chinitas portando pantalones. En medio de aquella felicidad se nos perdió Dña. Tomasa, y aunque la buscamos mucho no dimos con ella.

Di parte a la policía, suplicando que si la señora aparecía, me la llevaran a los baños de mar, a donde me dirigí con el resto de la troupe.

* * *

Ya en los baños. Aparicita estaba divina con un traje azul y rosa que le dieron. A los niños le pusieron vestidos blancos y yo elegí un "bath-suit" color de carne fresca con rayas verde mate. ¡Precioso!

Nos echamos al agua, donde me propuse enseñar a nadar a los niños, y, sobre todo, a la niña. Como se

51

comprenderá, la operación era un poco larga.

Estábamos en nuestras meras nadadas cuando me sentí atacado, a golpes y a mordidas, por una tintorera, un pez espada, un tiburón cebado o alguna otra fiera marina de las muy bravas.

Era Dña Tomasa. Llegar a los baños, vernos haciendo planchas y zambullidos, cambiar de traje y arrojarse de cabeza al agua, fue obra de un momento. Después de propinarme un crecido número de golpes, la Sra. Recio me dijo con la cólera pintada en el rostro:

—Y para nadar con las muchachas, con esos trajes tan inmorales, tan inmundos, tan disolutos, tan deshonestos, ¿no está casado? Sálgenseme del baño.

Nos salimos, y la Sra. Recio fue directamente a "nuestra" casa, y "nuestra" firma, por conducto de mi amigo el pocho, me puso en la calle.

—Ha hecho Ud. un "equívoco,"—me dijo éste.—Haberse ido a bañar sin la señora. Aquí tiene Ud. "su tiempo,"—añadió.

"Mi tiempo eran $3.50 que había ganado durante los tres largos días que anduve paseando a la tintorera; es decir a la Sra. Chiquete de Recio.

Ahora voy a ver dónde me coloco de nuevo.

3 de marzo, 1923

# Por No Hablar "English"

De Palos Bonchis vino, cruzando el Bravo, doña Oralia Cardoroso, andaba con una familia amiga que había de ayudarla en sus necesidades y de darle la mano en aquello de entenderse con los yankees. Esa familia apellidada Pisarrecio, se reducía a las señoras jefes de la casa, doña Consolación y Consuelo. Da. Oralia no podía menos de pensar que entre Consolación y Consuelo la consolarían en sus épocas difíciles.

Pero sucedió que las estimables Pisarrecios se habían dedicado, desde su llegada a estos mundos, a regentear un expendio de carnes compuestas y descompuestas que establecieron, y poco habían tratado con individuos que no fueran estrictamente de la Raza. Así es que una y otra sólo sabían en aquello de "speak english," unas cuantas palabrejas y frases de uso muy común.

En esas circunstancias les cayó doña Oralia que traía un poco de dinero para divertirse, gozar de la vida y volver al terruño después de conocer estos mundos y sus muchos rodaderos.

Tras los abrazos, besos y cumplidos de la recepción, manifestó doña Oralia a la familia consoladora:

—Vengo a disfrutar unos días de las bellezas de este país y quiero que ustedes me sirvan de guías. No conozco nada, no sé nada, ni entiendo una palabra de eso del "verigüeleo." Así es que como ustedes tienen tantos años de vivir aquí y deben hablar el inglés como unas americanas, estoy atenida a su ayuda.

—Oh, sí, Oralita, la serviremos en cuanto podamos,—respondió la Sra. Pisarrecio.—Consuelito habla inglés como los de aquí. No le para la lengua cuando encuentra a un americano. Yo, aunque me esté mal al decirlo, no me callo tampoco.

En seguida, se arreglaron los planes para paseos y distracciones.

• • •

Había transcurrido media hora de la llegada de doña Oralia cuando se presentó una ligera alteración en su salud. El mareo de abordo la atacaba de nuevo, y como el mal progresara, la viajera pidió que le trajeran un médico que le recetara "cualquier cosa."

—Que sea americano,—indicó la enferma.—Para variar un poco.

La Consolación fue a la botica de la esquina y allí, con no pocos trabajos, hizo comprender que quería un facultativo, al cual se llamó. Poco más tarde llegaba el médico, quien al ver a Da. Oralia en el lecho del dolor, la interrogó con la frase de cajón:

—What is the matter with you?

Consuelo se apresuró a traducir:

—Pregunta el doctor si viene su madre con usted.

Y luego, volviéndose al médico, le respondió:

—"No, no come." "Alón come."

El doctor, uno de esos individuos que hablan poquito Spanish, exclama:

—Oh, mi saba . . . No come . . . mala stomach.

Después de un breve examen, afirmó el facultativo:

—The stomach is loaded.

Tradujo Consuelo la frase así:

—Que tiene usted enlodado el estómago.

—¿Enlodado? Pero ¿cómo? ¿Cuándo?—manifestó asustada la Sra.—No puede ser. Si no tengo nada. Unicamente este mareo y un poco de dolor de cabeza. Miss Carried, la enfermera de a bordo, me dió unas pastillas muy buenas, pero se me acabaron ya.

¿Miscarriage?—preguntó el doctor asustado.

—Sí,—dijeron a duo Da. Consolación y Consuelo.—Said

Oralia that Miss Carried . . ."

—Miscarriage! Too bad! Too bad!—afirmó el facultativo. Fuése al teléfono y llamó una ambulancia, enviando, en seguida, a la dama palobonchina al Hospital, a campanilla repicante.

Lamentáronse profundamente las Pisarrecios de que tan pronto se hubiera enfermado, atacada de un grave mal, su pobre amiga, prometiéndose ir al siguiente día al Hospital para ver qué hacían con ella.

En junta de doctores, se acordó practicar una operación delicadísima a la enferma, que consistía, según parece, en rajarle la barriga de lado a lado y ponerle peritoneo nuevo, drenaje de patente y otras piezas de refacción. En vano, doña Oralia gritaba y suplicaba que la dejaran y que no quería operarse sino en su casa. Los inflexibles sabios, ante la mesa de operaciones, afilaban los grandes alfanjes. Por fin, en un momento de inspiración, la señora gritó:

—¡No tengo dinero! ¡No tengo dinero ni para pagar el Hospital!

Uno o dos de los operadores entendían la dulce lengua de Cervantes, informaron a sus colegas que iban a trabajar gratuitamente.

No money . . . no money . . .—repetían.

Se hizo, entonces, un verdadero reconocimiento de la enferma, y se comprobó que nada tenía, pues hasta el mareo se le había pasado ya, sólo de ver los cuchillotes con que se trataba de henderla.

El médico de cabecera, el que la vió en casa de las Pisarrecio dijo a la enferma por medio de los facultativos que hablaban español:

—Pero si usted ha dicho que iban a tener un baby anticipadamente . . .

—No, doctor, ¡qué bárbaro será usted! !Dizque a mi edad y sin esposo!

—¿Pues qué es eso de miscarriage?

—Miss Carriage es la enfermera de a bordo . . .

Rieron los médicos, de buena gana, ordenando se diera de baja a la enfermera previo pago de los gastos de admisión, reconocimiento y equivocación.

En aquellos momentos llegaron doña Consolación y Consuelo. Al verlas, Oralia, hecha un mar de lágrimas, las abrazó, diciendo:

—Por poco me despedazan estos hombres . . . querían hacerme una operación . . .

—¿Para el mareo?

—¡No! Creían que iba a ser mamá . . .

—¡Así son ellos! ¡Por sacar dinero!

Se acordó el regreso a casa en un taxímetro.

Subieron las tres y llegaron al hogar común.

—Dollar seventy-five—indicó el chauffeur.

—No, "is tu mucho, tu mucho" . . .—observó Consuelo.

—Oh, sí, demasiado mucho,—agregó la mamá.

—This is a very good checker's car. Not a bad Checker's.

—Dice el señor,—manifestó pálida de emoción Consuelo —que anda usted pasando cheques malos, y eso es aquí muy peligroso.

—¡Cheques malos! Pero que retehabladores son todos estos hombres, ¡caramba! No he pasado cheques ni buenos ni malos. Puro oro he gastado. ¡Oro americano! No se puede vivir aquí. Me largo ahora mismo . . .

Aquella misma noche, en el tren del Sur, doña Oralia se marchó a Palos Bonchis renegando de la lengua viperina que tienen las gentes aquende el Bravo.

1 de noviembre, 1924

56

# No Voté Pero Me Botaron

Pasaron ya las elecciones. Gracias a Dios. Ya puedo vivir tranquilo y quieto sin escuchar a cada instante el repiqueteo de la campanilla de la puerta del hogar y sin tener que acudir al llamado de individuos y comisiones que solicitan votos.

Además de la elección de "altísimos funcionarios," se pusieron a votación, en los últimos comicios 43 proposiciones en las que, como es fácil suponer, unos están por el pro y otros por el contra. Y los del pro y los del contra anduvieron, de casa en casa y de lugar en lugar, predicando en favor de sus "ideales."

—¡Vote usted que sí en la enmienda tal!

—¡No vote usted contra el sufragio libre!

—¡Favorezca usted a los servidores del Municipio!

—¡Vote Yes!

—¡Vote No!

Eso se repetía a cada momento durante los días anteriores a la elección y ahora que la cosa es "over," como dicen aquí, francamente se respira un ambiente de paz octaviana.

Por supuesto que no voté Yes ni No. No toco ni compongo en los comicios de estas tierras.

* * *

Los primeros que vinieron a verme fueron los pugilistas. Me hablaron de Dempsey y Willard, de Firpo y de Romero Rojas, de Gibbons y de Carpentier, y me hicieron llorar al referirse al compatriota Tony Fuentes. He aquí el final de su discurso:

—Usted sabe que en estos pueblos no permite la ley sino cuatro "rounds" de moquetes como máximum. En cuatro agarrones no siempre se puede abofetear a un individuo técnicamente hasta dejarlo roncando sin costillas, con una mandíbula menos o con los narices hechas puré. Vote usted Yes en el "amendment" 7, que permite el porreamiento en doce rounds . . .

Cuando la comisión se fue estaba llorando yo todavía, y no por la emoción que me causaran los triunfos de Tony sino por las palmadas que me dieron dos o tres de los púgiles, cuando creyeron que habían conquistado mi voto. Cada uno de ellos me golpeó como si quisiera "noquearme" en la primera caricia.

* * *

Vinieron los bomberos. Me demostraron la necesidad de que votara por la enmendatura 40, a fin de que se les aumentaran sus sueldos, prometiéndome que si votaba Yes, procurarían salvarme en caso de un incendio a mi domicilio, haciéndome el menor daño posible.

Subieron a mi dormitorio, se asomaron por las ventanas, tomaron mi peso y, para probarme su eficiencia, me arrojaron sobre una manta que tenían preparada en el patio del piso bajo. No sufrí sino una descalabradura en la parte occipucial.

Los sostenedores de la enmienda 43, que están porque sean sacados de los viejos cementerios los difuntos, para urbanizar esos tristes lugares, me pidieron también el voto, ofreciéndome, en cambio, un lote de terreno en cualquiera de las necrópolis modernas.

—¡Diga usted que NO se rechacen los acuerdos previos!

—Es que no tengo intenciones de morirme aquí,—manifesté a los generosos donantes.

—¡Pero cómo no! Ya procuraremos que nos dé el gusto de tenerlo siempre entre nosotros, replicaron ellos melosamente. Y añadieron:

—Conque vote usted No en la enmienda 43.

Horas después, cuando ya las sombras de la noche prendían sus lutos en el horizonte, vino otra comisión electora. Componíanla dos caballeros y una dama extrañamente vestidos de negro, flacos, pálidos y cadavéricos, que castañeteaban los dientes como si tuviesen frío. La señora, con voz hueca y cavernosa, me manifestó:

—Vote usted YES en la enmienda 43.

—Vote usted YES, —repitió uno de los dos caballeros.

—Vote usted YES, —repercutió el eco, de los labios del otro de los individuos.

En seguida me explicaron que serían un atentado atroz sacar a los muertos de sus agujeros para llevarlos sabe Dios a dónde, interrumpiendo así su dulce sueño de difuntos. Hablaban, gesticulaban y miraban de tal modo que me inspiraron miedo. Les ofrecí votar por cuanto quisieran. Se fueron al fin, dejándome sobre la mesa una tarjeta donde se lee: CONFEDERACIÓN DE DIFUNTOS QUE NO QUIEREN SALIRSE NI QUE LOS SAQUEN.

## Enmieda 43

## ¡VOTE QUE NO, QUE NO, Y QUE NO!

Desde aquel día, padezco pesadillas y veo, de media noche en adelante, fantasmas lúgubres . . . Oigo, además, gemidos lastimeros.

Me dicen que son los gatos que pasan maullando; pero vayan ustedes a saber si son difuntos que ambulan gimiendo . . .

8 de noviembre, 1924

# Sanatorios Para Bailadores

En uno de los diarios más grandes de la ciudad, se publicó la noticia de la inauguración de un modernísimo "hall" de baile. Se encomía allí la extensión de la sala, su ornamentación a todo lujo, el magnífico piso y la iluminación a giorno durante el receso, que casi desaparece cuando las parejas se entregan a las delicias del zarandeo. Como final leí: "Hay un sanatorio anexo para emergencias, a cargo de facultativos y de nurses experimentados."

Esto llamó poderosamente mi atención y decidí ir al nuevo establecimiento coreográfico a fin de averiguar para qué diablos sirve un sanatorio en un sitio a que todo el mundo va a divertirse y a donde, supongo, no asistirán enfermos ni derrengados.

En efecto, fui como lo tenía proyectado; y a fin de cerciorarme del funcionamiento del extraño departamento, invité como pareja a una muchacha enorme de grande y tremenda de gorda, con la que me lancé al torbellino de los fox-trot.

Dimos un mal paso; es decir, lo di yo con premeditación, alevosía y ventaja, cayendo al suelo. Sobre mi humanidad, se precipitó aquella mole estadounidense, pues sentí el mismo efecto que si me hubiera caído encima un rascacielos o el City Hall.

Se levantó precipitadamente la dama gorda, me dirigió una mirada compasiva y se fue a bailar con otro. Los empleados de la emergencia llegaron y se pusieron a contar, frente a mí, ordenándome me pusiera en pie.

—Uno . . . dos, tres, cuatro, cinco, seis, siete, ocho, nueve, y . . . ¡diez!

Como a los diez de la cuenta aún permanecía tirado, en actitud trágica, respirando gordo y dando tenues quejidos, me llevaron al sanatorio "anexo."

Un médico me examinó y dijo que sólo estaba atarantado por el choque, y que lo único que necesitaba era reposo. Me pusieron a reposar.

Fingí dormir profundamente, para observar mejor lo que pasaba y darme cuenta de los distintos casos coreográfico-patológicos sujetos a curación.

Lo más común en esta materia son las contusiones por puntapiés. Son producidos ora por bailadores primerizos o principantes ora por novios celosos o disgustados ora por mamás coléricas. Varían del simple araño a la equimosis complicada.

Entre los contundidos llegó un pobre chico, de no mala presencia, a quien una madre corajuda le arrimó once patadas seguidas, al compás de un vals, porque observó que el muchacho le hacía cosquillas en la espalda a la compañera y ésta era, nada menos, que hija de la colérica dama. El médico declaró los golpes de pronóstico grave y reservado.

Otro bailador, joven también, ingresó al sanatorio con la cara incrustada de piedras casi preciosas. Era de los que bailan "de cachete," es decir juntando su mejilla a la de la compañera, y en los giros del fox-trot se les atravesó una "aigrette" entre cara y cara. La bailadora quiso salvar la pieza ornamental, con rápido meneo de cabeza, y dió tal golpe en la nuca a su compañero que le introdujo entre sesenta y setenta piedras de la "aigrette" en el rostro.

Vi llegar a una dama, víctima de mordeduras venenosas. De una edad que pasaba de los cuarenta, no era hermosa, pero sí rechoncha y bien formada. La sacó a bailar un viejo sesentón, de esos rabos verdes, que entusiasmado por las morbideces de su compañera, le clavó los colmillos en el hombro causándole un infección inmediata. La enferma fué inyectada con suero contra la mordedura de víboras y al anciano mordedor se le sacaron los dientes que le quedaban.

Llegaron un buen número de muchachas arañadas. Los jóvenes elegantes se dejan crecer las uñas inmisericordiosamente y se las cultivan como si fuesen a pelear con tigresas salvajes. Y como las modernas toilettes de baile de las damas exigen mucho descote por delante y mucho descote por todos lados, los bailadores no se acuerdan de que están largamente unguiculados y, en medio del entusiasmo, clavan la uña o recorren con ellas grandes extensiones de espaldas o brazos femeninos, dejando una huella dolorosa. A una de las muchachas que cayeron al sanatorio, le faltaban seis pulgadas de pellejo en un brazo, las cuales fueron encontradas en las uñas de su compañero de "dance."

Hay un departamento especial para envenenados. No sólo van allí los que por decepciones amorosas apuran un tóxico y los que beben a hurtadillas esos brebajes que venden los bootleggers a precios exhorbitantes llamándolos "whiskey escosés." No sólo ésos. Ingresó, casi moribundo, un caballero que se puso a besar a su novia entusiastamente, repetidamente, sin acordarse de que los rojos labios de estos tiempos están coloreados con bermellón, que es un compuesto mercurial muy venenoso. Los besadores deben escupir después de cada beso.

El caso más curioso de los ocurridos fue el de un bailador que había aprendido "spanish dances" en una academia, y quiso lucir sus grandes conocimientos en esa especialidad.

La orquesta preludió una jota y nuestro hombre, acompañado de muy gentil dama, se puso a bailarla. Luego vinieron los ayes coreados:

—Ay . . . ay . . . ay . . . Ay . . . ay . . . ay . . .

Y el bailador, mostrando cuanto se le había enseñado, revoloteaba la rabadilla a diestra y siniestra, hacia atrás y en redondo. De pronto los ayes arreciaron y ya no eran musicales:

—¡Ay! . . . ayy . . . ¡ayyy . . .!

Help! Help!

El caballero danzante se desconchifló de las caderas. El

lumbago lo hizo su presa y fue llevado al sanatorio en peso, donde seguía gritando:

—¡Ay! . . . ¡ay! . . . ¡ay! . . .

El médico le explicó que las rabadillas "american" no estaban hechas para "spanish dance."

Ahora convengo en que los sanatorios anexos a las salas de baile modernos son algo necesario, conveniente e imprescindible.

15 de noviembre, 1924

# La Estenógrafa

Las siguientes son páginas arrancadas a mi diario.

Lunes.—Ya tengo estenógrafa. La prosperidad de los negocios anunciada por los labios proféticos de los grandes hacendistas estadounidenses se ha traducido, en mis humildes oficinas, en la presencia, a horas hábiles, de una muchacha que toma al dictado mis cartas, las escribe en máquina, las firma imitando mis garrapatos y las despacha por correo. Una maravilla de mujer.

No es una belleza, pero no carece de ciertos rasgos finos y delicados. Vino a mi enviada por una agencia de colocaciones, y al presentárseme, me lanzó este discurso:

—Me envía la Horses, Mules and Stenographers Agency, a solicitud de usted. Soy "eficiente," "fine," "educada"; tengo 25 años, nací de padres "Spanish" en Stockton; me gradué de "grammar school," "high school" y "Spanish class." Aquí están mis certificados.

Puso en mis manos, en seguida, los documentos que la acreditan como trigraduada o sea graduada en las tres formas que ella había indicado. Entonces me sujetó a un interrogatorio, en vez de ser yo quien lo hiciera.

—¿Es Ud. casado o soltero?

—Casado.

—¿Por la "corte" o por el "padre"?

—Por todos lados.

—¿Cuánto tiempo hace que se casó usted?

—Mucho. La fecha se pierde en la obscuridad de los tiempos.

—¿Le pega a usted su mujer?

—No, hasta ahora.

—Bien. Pues me quedo al servicio de esta oficina por cien pesos al mes.

Es mucho dinero . . .

—Se abarató y quedamos en sesenta dólares, suma no muy alta si se tiene en cuenta que la muchacha hace todo el trabajo de un secretario particular, sonríe muy provocativamente, mira de soslayo con una dulzura subyugadora y aroma de "narcisos negros," su esencia favorita, llena la oficina entera.

Se quitó el abrigo, dejando ver unos brazos enormes de gordos y sublimes de torneados, me los paseó por la cara disimuladamente y se puso a tomar el dictado. No sé lo que le dictaría, pues me sentí mareado con el aroma de los narcisos y con el revolotear de los brazos. Cuando terminamos, mi estenógrafa, con una gracia sin igual y con un desplante también inigualable, sacó de una enorme petaquilla que trajo consigo varias prendas de vestir, y en mi presencia mudó medias y zapatos, diciéndome que en el trabajo se deterioran mucho y que siempre cambiaba sus "cosas" de calle por otras de brega. Zapatos y medias los colocó tras mi archivador y se fué a su cuarto de trabajo.

Martes.—Tuve dos disgustos con mi empleada. El primero porque no la llamé por su nombre, que es Rosie, sino diciéndola Miss Pink por ser esta palabra, Pink, su apellido. El segundo conflicto vino porque le supliqué me trajese las cartas para revisarlas.

—A mí nadie me revisa lo que escribo. O se me tiene confianza o no se me tiene.

Sollozó, lloró, y tuve que darle unas palmadas en los brazos para que se consolara. Me acercó mucho la cara, como para que la besara; pero no me atreví.

* * *

Miércoles.—Nueva dificultad; pero de otra naturaleza. Estuvieron a visitarme las directoras de la High Morality Society, institución que vigila la recta conducta entre jefes de oficina y señoritas empleadas. Estaban contentísimas de mis manifestaciones de rectitud y de mi honradez sin tacha cuando descubrieron, tras el archivador los zapatos a las medias de mi estenógrafa.

Traté de explicarles el caso, pero no admitieron excusas y ofrecieron publicar los hechos en su periódico, dar aviso a mi familia sobre el bochornoso descubrimiento y regañaron a Rosie. Hecha un mar de lágrimas quiso encontrar consuelo en mis palabras; pero no la dije una sola, temeroso de complicar los acontecimientos.

* * *

Jueves.—Mi estenógrafa cambió de zapatos y de medias y como de costumbre, los puso tras el archivador. Temiendo un nuevo conflicto, los quité de allí y los guardé en el cajón de mi escritorio.

Salí a la hora del "lunch" sin acordarme de las prendas de Miss Pink, y al volver a la oficina encontré hecha una furia a mi secretaria.

¿Dónde ha puesto usted mis zapatos y mis medias? preguntóme colérica.

En el momento me dí cuenta de la situación, ensayé muchas disculpas para Rose, pero no quiso aceptarlas.

—¿Es usted igual a todos?—exclamó. Empiezan por apoderarse de las medias y de los zapatos de "una" para besarlos, para olerlos, yo no sé para qué, y luego siguen con bromitas y coqueteos . . .

He jurado a mi empleada que ni siquiera me ha pasado por la imaginación besar u oler sus prendas pedestres y a fin de aplacarla, le dí tres pesos para su "lunch" tardío y permiso para holgar la tarde entera.

* * *

Viernes.—A la hora del dictado tomó mi secretaria la siguiente breve misiva:

"Sr. Pascual Torumes.—Hacienda del Big Huizache.—Amigo Pascual: Me siento un poco agotado y voy a pasar el fin de la semana contigo. Pronto nos veremos.—Ulica."

No cesa de revolotear en mi mente la acusación calumniosa de mi empleada, de ser yo igual a los demás y de que me he permitido besuquear u oler las prendas que lleva en los pies.

Me vino una obsesión tremenda, avasalladora, incontenible.

Cuando fue Rosie a su departamento, me apoderé de los choclos y de las medias y los olí. La muchacha había vaciado en ambas prendas una onza, lo menos, de "narcisos." Volví a poner todo en su sitio; pero con tan mala suerte, que tiré un frasco de tinta, manchando un zapato.

Expliqué el hecho a Rosie como no intencional, le dí diez pesos para otros choclos y ella se fue diciendo:

—¡Peor que los demás!

Sábado.—Sin estenógrafa, Pascual, mi amigo, devuelve mi carta, diciéndome que ni como broma tolera lo que le he escrito. En la epístola leo: "Me siento un poco AJOTADO y voy a pasar el fin de la semana contigo . . ." Era tanto como suponer afeminado a un viejo amigo mío. Impaciente, llamé a Rosie y le mostré la carta:

—Ha cometido usted un grave error . . . Agotar se escribe con ge y no con jota.

—Mire Ud.,—repuso ella—yo escribo con la letra que más me simpatiza, y no me sujeto a "spanish foolishness."

¡Y me largo! Es Ud. el peor de cuantos "bosses" he tenido. Ni una sola vez me ha invitado a cenar o al "show." Taruguete . . . Tarugote ¿No sabe lo que pierde?

Cobró su sueldo y se ha ido, dejando en la estancia un olor a narcisos negros . . .

**31 de enero, 1925**

# Touch-Down Extraordinario

Fue gran fortuna la mía la de encontrarme con un sujeto desconocido que, de primas a primera, me ofreció un boleto de entrada al famoso juego de foot-ball en que las dos grandes universidades californianas iban a disputarse el campeonato sublime de las patadotas. Por sólo un dólar puso en mis manos el ansiado—"ticket," cuando hubo desgraciados que tuvieron que pagar hasta veinticino por él. Hay días en que tiene uno el sol completamente de frente. ¡Ese era mi día frontisolar!

Poco ante de la hora de la lucha, tomé el ferryboat y me marché al lugar de los acontecimientos. Por un sin fin de puertas entraban al Stadium los curiosos y los aficionados, y quise colarme por la primera que hallé; pero alguien me preguntó por las letras cabalísticas de mi boleto. Lo vi y me encontré con que de cuanto signo contenía el diminuto billete, lo más aproximado al cabalismo era KLX.

Por la puerta K no me dejaron entrar.

No por la X.

Ni por la L.

Manifesté una cólera atroz y una deseperación intensísima, lo cual, notado por un gendarme, hizo que éste se pusiera al habla conmigo.

—¿Por qué está usted perturbando la paz?—me preguntó.

Le conté mis cuitas, y luego, mostrándole mi boleto le dije:

¿No es esto un boleto para presenciar el juego de foot-ball?

—Sí,—me contestó el dignísimo genízaro;—pero para "presenciarlo" por radio en la estación K.L.X.

Se me llenó la boca de letras representativas de la super-ira, principalmente de ches.

* * *

¡Seguía de cara al alma sol!

En este país se encuentra una con un filántropo en cada esquina. Unos edifican universidades, otros hospitales, otros bibliotecas y los más modestitos le regalan al menesteroso un par de calcetines sin mucho uso o le sueltan un nickel.

Una dama filantrópica, alta, gruesa, gigantesca, se atravesó en mi camino, y viendo mi malestar, me llamó y me habló así . . .

—Supongo que usted desea entrar al Stadium y que no tiene boleto ni dinero . . .

—Tengo boleto, señora; pero de los de K.L.X., y con ésos no se entra. En cuanto a dinero, ha estado usted más acertada que la Pitonisa de Delfos.

—Pues venga usted conmigo. Tengo dos boletos de los mejores y veremos juntos el juego.

Entramos y tomamos asiento. Mientras principiaba el encuentro y las bandas soltaban torrentes de notas por las bocas de cornetones inmensos, conversamos la dama filantrópica y yo. Era viuda. Su marido había muerto de un golpe, a causa de un juego foot-ball y la inconsolable esposa derramaba lágrimas a mares al recordarlo.

Sus penas la tornaron silenciosa. Después de una larga pausa, en que sólo hubo sollozos, dejó oír de nuevo su voz.

—¿Usted sabe,—me interrogó,—dónde está situado el Sacro?

¡Sacro . . .! Supongo que será abreviatura de Sacramento, la capital de California.

—No, hombre, no. ¡Sacro!

—No estoy muy fuerte en Geografía.

—Hablo a usted del hueso, sacro . . . De un hueso nuestro.

—No sé por dónde anda . . .

—Pues bien, en el sacro recibió mi esposo la patada, el día de uno de estos juegos. El sacro viene a quedar donde estuviera la cola, si la tuviéramos los humanos.

—Muy mala parte, señora,—digo—para las patadas . . . Pues allí recibió la patada míster Hilache, mi marido.

—Me sentí conmovido y estuve a punto de llorar con la viuda; pero el juego comenzaba en esos momentos.

Estaba yo por el team aureoazulado y cuando ganaban un punto los jugadores o ponían en derrota a los contrarios, daba tales voces y manifestaba tal entusiasmo que la viuda me llamaba al orden y aun me pellizacaba fuertemente las pantorrillas.

En uno de mis grandes entusiasmos, la dama se disgustó conmigo, me echó en cara mi inquietud y poco seso y acabó por decirme que ella estaba por los roji-blancos, que formaban el equipo contrario.

Procuré contener mis manifestaciones; pero no lo logré del todo. Al terminar el encuentro, en que hubo empate, no dejé de saludar a los jugadores de mi oncena favorita, con aplausos y gritos de alegría.

Ya en esos momentos, la concurrencia empezaba a desalojar la gradería del Stadium. Tirios y troyanos se sentían satisfechos del resultado de la lucha, y las músicas, los gritos y las aclamaciones atronaban el espacio.

La viuda de Hilache aprovechó la desocupación de la grada que estaba arriba de la nuestra, subió a ella y me soltó el siguiente speech:

—Hace cinco años murió mi marido. El era partidario de los jugadores de "oro y azul" y yo de los "blanco y rojo." ¡Como usted,—gritó,—y como usted me lastimó el amor propio! Entonces yo, herida como estaba, le lancé la patada de la tarde, golpeándole el sacro. Horas después era cadáver . . .

Vi entonces que la dama tomaba vuelo con el pie y me apuntaba al sacro. Apenas pudo dar la patada en la nalga izquierda. ¡Tremenda patada! De darme en el sacro, estuviera haciendo compañía a míster Hilache.

He averiguado que esta señora filántropa va, año por

71

año, al juego, llevando una víctima, a la que inevitablemente patea después del encuentro. ¡En memoria de su marido y como costumbre votiva! Unos pateados se ven malos y otros, como yo, sólo ligeramente contundidos ¡Tenía al sol de frente!

Sin embargo, todavía no puedo sentarme a causa del magullamiento.

**29 de noviembre, 1924**

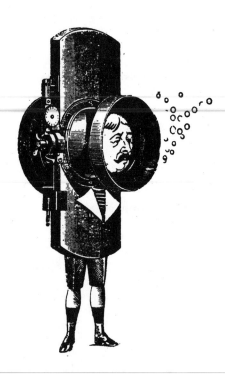

# No Estamos Bastante Aptos

Siempre he creído que muchos de nuestros amados hermanos de raza no están enteramente aptos para la democracia químicamente pura, como lo prueba el hecho de que se atoran al querer ciudadanizarse "american," por no dar la medida.

Reyes Susarrey ha sido uno de ellos. Vino de lejanas tierras hispano-americanas con un saxófono, instrumento al que dedica sus actividades y sus cariños, líricamente sin saber de nota. Alguien le contó, por allá en su tierra, que aquí hacían falta saxófonos concertinos y se dejó venir con su cornetón y con la mente llena de ilusiones. En un par de años, se decía el pobre, vuelvo a mi tierra con algunos millones de dólares, casado con la hija de algún banquero y de una senadora y con más fama que el maestro Verde. (Así llama él a Verdi.)

Llegó y se encontró con que en este país había saxófonos más grandes que el suyo, con que quienes aquí los tocan son más aguantadores al soplido y al resuello, y con que no era fácil entenderse con estas gentes sin hablar un poco de inglés.

Un compatriota cariñoso y compadecido presentó a Reyes con un músico genuinamente americano, quien ofreció al artista nostrenco ayudarle en la mejor forma posible.

Lo llevó ante la Unión de Músicos número 876 B. De tocar, no toca de lo peor Susarrey; pero falló en la prueba por la falta de la "lengua," como él afirma. Confundió lastimosamente en los momentos más graves de una sinfonía heróica, las palabras "stop" y "step," y cuando el director de la banda ordenó que callase su saxófono, con un imperioso "stop," Reyes se puso a ejecutar el step de moda, por haber entendido mal.

Sin embargo, se le dijo que si aprendía un poco de inglés y se ciudadanizaba yanqui, podría perfectamente ingresar a la Unión y conseguir trabajo.

En ello puso Susarrey sus cinco sentidos.

* * *

Una maestra barata, de las que dan lecciones de inglés y ciudadanía a seis dólares por cabeza, lo tomó a su cuidado, y en dos semanas estuvo listo para presentarse a examen y ganarse la nacionalización.

Se aprendió de memoria las preguntas del cuestionario con sus respectivas respuestas, y aunque su pronunciación era defectuosilla, quedó con más filo, desde el punto de vista de la sapiencia, que una hoja de navaja "ever ready."

Como fuera de las preguntas y respuestas del cuestionario de civismo su inglés era precario, llegó con grandes dificultades al momento preciso en que debía mostrar sus conocimientos.

El jurado, tenido en cuenta que muchos extranjeros ciudadanizables contestaban automáticamente, como loros adiestrados, las preguntas que se les hacen, dispuso variar un poco las interrogaciones, para darse cuenta cabal de los aptitudes y alcances de los candidatos.

Reyes fue una de las primeras víctimas de tan fatal y contundente determinación.

Cuando se vió ya ante el jurado, se acordó de los tribunales de su pueblos y se echó a temblar.

—Oiga, míster, —le dijo al maestro, —ya se me están revolviendo en el "cerebro" las historias que usted me enseñó. Voy decir cosas "alrevesadas" y estos hombres me llevan a la cárcel . . .

El maestro lo tranquilizó, le dió algunos toques finales en materias históricas y lo lanzó a la lid . . .

* * *

Susarrey no daba con bola y se le puso intérprete.

—¿Quién es el Presidente de los Estados Unidos?—interrogó el sinodal.

—George Washington.

—Por el actual Presidente le pregunto a usted.

—Es George Washington, no lo han "tumbado." Aquí no los tumban.

—Y el Vicepresidente?

Susarrey se mordió los labios, dió una feroz mirada al "maestro" que se lo comía a señas, y, como viera que el mentor empuñaba las manos desesperado, respondió al fin:

—Dempsay.

—Cuánto gana el Presidente de los Estados Unidos?

—Lo que quiere, como todos los presidentes.

El sinodal la explicó que en este país el supremo magistrado se sujeta a su sueldo y no dispone de los dineros públicos.

—¡Bah!—contestó Susarrey,—"pos" entonces gana menos que el Presidente Municipal de mi tierra. En Carrizo Hueco, don Eufrasio, "agarra" cuanto quiere en uso de las facultades estraordinarias de que está investido.

—Diga usted algo sobre la Casa de Representantes.

—No sé por dónde queda.

—Háblemos del Senado.

—En el Senado están los Senadores . . .

—Muy cierto. ¿Y qué más?

—No más. Allí están . . .

—¿Quién hace las leyes?

—Los licenciados.

—¿Y quién las hace cumplir?

—Los "policemen."

—¿A dónde son conducidos los delincuentes para que respondan de sus faltas?

—¡Sabe Dios! A ellos se los llevan en el "patrol" y nunca los vuelve uno a ver.

—¿Cuales son los hechos más salientes en las administraciones de Washington y Taylor?

—Washington y Taylor . . . Washington y Taylor . . . Oh, sí yo sé. En la esquina de Washington Y Taylor streets chocó una berlina con un "carro de fuego," el domingo. Se mataron dos bomberos y se "accidentó" la mujer que iba en la berlina, una señora de piernas muy gordas y muy redondas . . .

—¿Dónde vive . . . ? Quiero decir . . . ¿qué significan las palabras "E pluribus únum," que llevan nuestras monedas?

—No me acuerdo bien lo que el maestro me dijo. Creo que algo así como puede cojerse uno por casualidad, pero no muchas.

—It's all right,—exclamó el examinador, y dió un voto reprobatorio para el candidato, diciéndole:

—Sorry, my friend.

Reyes, creyendo que lo felicitaban por cercana navidad, repuso:

—Thank you. ¡Merry Christmas and happy new year!

* * *

Reyes se ha vuelto a su tierra. Sin ilusiones y sin saxófono, pues tuvo que prescindir de aquéllas y que empeñar el instrumento para pagar los gastos de viaje.

**20 de diciembre, 1924**

# Como Hacer Surprise-Parties

Como se acerca el día del santo de la señora doña Lola Flores, ésta no quiso perder la oportunidad de ser agasajada y celebrada a la usanza de este país, del que sa ha vuelto ferviente enamorada. Tanto, que quien le llame Lola, Dolores o Mrs. Flores sufrirá el bochorno de una reprimienda, pues se ha americanizado a tal grado, que hasta los nombres familiares los ha traducido literalmente, más o menos mal, a la lengua inglesa, corregida y aumentada. Su nombre, ahora, es Mrs. Pains Flowers; el de su esposo Ambrosio, Hungrious Flowers; el de sus hijas, Esperanza y Eva, Hope and Iva. La perrita violeta se ha convertido en Va-yo-let.

Pues bien, Doña Pains trató de que los novios de las muchachas, unos jóvenes americanos que encienden y apagan los faroles del alumbrado, le hicieran un "surprise party," y habló así a sus hijas.

—Hope, Iva, se veía muy mal que mi "birthday" no tuviera una fiesta como las Odartes, las Reveles, las Parras y las Porras. Es necesario que insinúen Uds. a sus novios que me hagan un "surprise" de esos que los americanos saben preparar.

—Pero, mamá, ¿cómo va a ser "surprise" si nosotras ya lo sabemos y tú también?—contestó Iva.

—¡Brutísima! ¿Y no podemos hacernos las desentendidas? Procurar que ellos lo arreglen sin meternos nosotras.

—No tienen dinero, mamá. ¿Con qué hacen los gastos?

—¿Los gastos? ¿Qué gastos? Los sandwiches los ponemos nosotras; los vinos, nosotras; los cacahuates "peanuts," nosotras; la jazz música, tu padre. Ellos solo tienen que convidar amigos y venir a la hora oportuna gritándome Olé! Hello! Hurray! Bravo! Nada más. Yo me haré la sorprendida; ustedes también, tu padre mandará por la música, y al día siguiente los periódicos hablarán de la hermosa fiesta de la familia Flowers . . .

* * *

Las niñas Flowers, entre arrullo y arrullo, tuvieron que comprometer a Nick y a Edgard, sus novios, a que felicitaran a "mother," acompañados de un "bonche" de amigos y amigas.

Doña Pains y sus hijas pasaron el día terrible haciendo sandwiches, ponches, y caramelos, para ser sorprendidas, y la sala de la casa se arregló para la fiesta de sorpresa, con lirios, jazmines, nardos y violetas. En una de las habitaciones más amplias se colocaron mesas para los regalos, que no fueron muchos ni muy exquisitos; pero la inventiva y el ingenio suplieron la falta de presentes. Cajas vacías, envueltas en papel de china y atadas con monísimos listones ostentaban los rumbosos nombres de altas personalidades.

* * *

En medio de aquellos preparativos surgió una duda aterradora. Hungrious, el jefe de la casa, no se presentaba para ponerlo al tanto de la sorpresa que iba a dársele y a fin de prepararlo a que se resignara, a aflojar la mosca para la música. Las horas pasaban y el hombre no venía.

—¿Pues qué—preguntaba furiosa Mrs. Flowers,—No se habrá dado cuenta mi "husband" de que hoy es mi onomástico?

—Andará buscando el regalito, mamá—respondió Hope.

—No lo creas, hija; esto me huele mal . . .

Se reunieron los chicos convocados por los novios de las niñas Flowers y las muchachas amigas, y se dispusieron a marchar hacia la residencia de la familia que debía recibir la sorpresa.

Hungrious Flowers llegó a casa; pero bien cargado de "moonshine," y fue recibido muy poco amablemente por su cara mitad.

—Bribón, canalla, miserable, ¿a dónde has ido? ¿No sabes que es día de mi santo? ¿No sabes que estoy esperando que me sorprendan los novios de las niñas y sus amigas?

—Ni palabra . . .

—Ambrosio se fué a la cama temiendo que a las palabras siguieran los golpes.

* * *

A eso de las nueve de la noche, se presentó la turba bullanguera. Mrs. Pains dijo a las niñas:

—No conviene que salgamos así, de prisa, pues se creería que estamos esperando. Hay que mostrarnos azoradas de la manifestación.

Entretanto, a la puerta de la casa menudeaban los hurras, los bravos, los olés y otros gritos y ruidos.

Don Ambrosio, que ya estaba un poco aliviado de la borrachera, se levantó e interrogó a la muchedumbre:

—¿Qué alboroto es ese? ¿De qué se trata?

—Venimos,—dijo Edgard,—a felicitar a la señora por su día.

—¿A cuál señora?

—A la de Ud., hombre. A Mrs. Pains Flowers.

—¿Pero, es su día?

—¡Si, hombre, sí!

Al oír aquello, la señora y chicas se precipitaron hacia la puerta, gritando a trío:

—¡Que sorpresa! ¡Estamos sorprendidísimas! ¡No esperábamos tamaña sorpresa!

Fueron pasando a la sala los invitados; se les despojó de lo que traían como regalos, y Mrs. Pains llamó a su marido para decirle que enviara por una orquesta. Hija; pero si no es ahora tu santo . . . —respondió el cónyuge.

—¿Cómo no majadero? ¿No es Viernes de Dolores?

—Cabal. Pero tú ya no te llamas Dolores sino Pains, y por más que he buscado en el calendario "american," el

79

Pains Friday no lo encuentro. Conque.

La señora se llevó de una oreja al amante esposo hacia el interior de la casa, en donde lo sujetó a quién sabe qué tormentos, pues él gritaba como un chivo . . .

Entretanto Va-yo-let, la perrita había tomado por asalto la mesa de los regalos deshaciendo los paquetes, que se mostraban fatídicamente vacíos a los ojos de los invitados . . .

Como no podía bailarse sin música, se acordó transferir el "surprise-party" para la pascua. Cuando D. Ambrosio supo, por los mismos labios de su mujer que la fiesta iba a ser en "Easter," como ella decía, dió un hondo suspiro de satisfacción, elevó los ojos al cielo y exclamó:

¡Gracias a Dios! Siquiera ahora va a llamarse Esther mi mujer. Easter Esther . . . Ni duda . . . Más fácil de pronunciar que lo de Pains . . .

**11 de abril, 1925**

# El Día de San Guives

El cartero me trajo ayer una misiva muy coqueta, que a la letra dice:

"Mr. Ulica:—

"Quiero que atienda Ud. a un mite, el día de San Guives, pues queremos, mi marido y yo, que nos eche un espiche muy fine. No se olvide el día de San Guives, a las ocho.

"No deje de atender al mite. No pierda la chanza de un fine time. Habrá muchas muchachas medias guaponas. Dígame por 'telefón' si viene.

"5768 Tehama St., Tel. West 3333. — Pánfila Parrillas de von der Mullen."

La carta me puso en aprietos, pues poco sé yo de los días en que se celebra tal o cual santo, y no recuerdo haber oído, en mi vida, mencionar a ningún San Guives, ni entre mis conocidos, de alguno que lleve ese nombre.

Me eché a buscar en el calendario de Rodríguez, y el nombre más aproximado a Guives que encontré, fue el de Ives.

Otra cosa que me preocupó fue que esa señora quiere que le vaya a "atender" a un "mite" ¡Vayan a saber Uds. quién es ese "mite" al que voy a tener que atender!

* * *

En vista de estas dudas fui al teléfono y hablé con Mrs. Van der Mullen, en la siguiente forma:

—Hello!

—Hello!

—Mrs. Pánfila . . .

—Parrilla de van der Muller, para servirlo, sí señor.

—Soy Ulica.

—¡Ulica! ¡Qué gusto! ¿Ya hizo el "espichito" verdad?

—Todavía no; pero deseo saber cuándo va a ser la fiesta.

—¡Ah! Pos no se lo dije, la noche del San Guives . . .

—Es que yo no conozco ese santo ni he podido encontrarlo en el calendario.

—¡Qué gracioso es Ud. Ulica! ¡Conque no sabe cuando es el San Guives! Es Ud. retebromista . . .

—Deveras no lo sé . . .

—Pero, hombre el jueves, el día de dar gracias . . .

—¡Ah! ¡El Thanksgiving!

—Sí, señor, seguramente, el San Guives . . .

—¿Y quién es ese "mite" a que voy a atender?

—La reunión, hombre, la junta, a que quiero que venga . . .

—Se trata, entonces, de ir a un meeting.

—¡Claro que sí!

—Pues allá iré, y voy a hacer el "espichito."

—Hágalo "fine" y diga que yo soy de la "Racia"; pero que me casé con forastero, porque es muy buen hombre; y diga que sé hacer muy buenos "quequis" y diga que "solté" en mi fiesta mucha "destinción" y elegancia. A las muchachas écheles sus piropos . . .

—¿A las medio guaponas?

—¡Sí! No son de lo remuy "nice" pero suplen . . .

—¡Sí, suplen, magnífico! ¡Allá nos veremos!

Y si puedo abandonar el dulce hogar sin inspirar sospechas, me voy con las muchachas medioguaponas, "atiendo" al "mite" y paso buen tiempo.

* * *

A propósito del Thanksgiving y de su indispensable elemento, el pavo, han estado corriendo rumores sensacionales.

Primero se dijo que la influenza estaba atacando a los cóconos, y que los infelices, como no hubo una alma caritativa que les pusiera máscara, se estaban muriendo a montones. Parece que el rumor no es totalmente falso, pues las estadísticas muestran que por todos los guajalotes fallecidos en éstos, tendremos que confrontarnos con comer algo como un 'camouflage' de pavo, porque los pavos legítimos, volaverunt. Y, francamente, no es difícil que nos camouflageen. Tengo sospechas muy fundadas de que se están fabricando sintéticamente los guajolotes . . . y de que si no nos ponemos águilas, nos dan gato por liebre o por pavo.

No sería la primera vez que se me engañase como a chino, y por chinos precisamente. No ha trascurrido ni una semana desde el día en que encontré en el 5, 10 y 15 cents Restaurant, donde hago mis diarias colaciones, en el suculento plato de roast-pork que pedí, una pata de gato, con uñas, inclusive.

—Oiga Ud., le dije al chino, esto no es roast-pork, será roast-cat, porque aquí he encontrado hasta las uñas del "kiddie."

—No difference! ¡Se cobra lo mismo! ¡No "extra" por la pata! ¡Y tuve que engullirme el roast-cat!

* * *

Y debo decir, para conocimiento de mis amigos, que a uno de los más acreditados hoteles de esta ciudad, en el que habrá numerosos "parties" el Thanksgiving, llegó una remesa de aves de corral, la cual fue internada en las bodegas del establecimiento.

Un buen chico, paisanito, que allí trabaja en calidad de lavador de platos, me dijo hoy misteriosamente:

—Si viera Ud. qué guajolotes tan raros llegaron al Hotel . . .

—Sí, ¿eh?

—Figúrese Ud. que el patrón le dijo al cocinero que les quitara los cueros y que no les fuera a dejar los dientes . . .

—¡Es raro! ¡Guajolotes con cuero y con dientes!

—Y otra cosa. Les echan carne, para que coman, y en la noche, en el silencio aquel, se oye, en lugar de cacareos, voces que dicen muy clarito: Miau . . . miau . . . miau . . . Yo le pregunté algo a un cocinero que habla español y me respondió: "Ud. te callas tu hocica todo el tiempo, y eso no es "tu negocio." Por lo que he creído que estos "guajolotes" son encartados de gato. Y, Ud. ¿qué cree, señor Ulica?

—Yo, le dije, creo que son gatos sin encartes de guajolotes. Gatos químicamente puros. . . .

**26 de noviembre, 1918**

# Merry Christmas

Supongo que todos mis queridos lectores, y les digo queridos no por mera fórmula sino porque de verdad los quiero cuando pagan la suscripción, habrán tenido una noche de Christmas muy feliz y habrán pasado muy "buen tiempo." En cuanto a mí, ni una ni otra cosa.

No es que me haya dado el flú, ni que tenga garrotillo constipado, ni nada de eso que es tan común en estos tiempos fríos e inclementes, sino que mi mala estrella me pone en malos caminos, y se me complican las cosas.

Estaba decidido a echar un montón de canas al aire, a ir a algún rigodeo para bailar hasta de cabeza y a pasar el resto de la Noche Buena más alegre que todos, sea en casa o fuera de ella. Pero el hombre propone, y entre una comadre que tengo en Tucson y una amiga que aquí tengo, me echaron a perder los propósitos que tuviera.

* * *

La comadre de Tucson me puso una cartita muy mona, con pajaritos azules, campanitas doradas, cupidos impúdicos y "berries" muy rojas, en la que, después de felicitarme por la Navidad, me suplicaba que le enviase un botecito de "Tesoro de la Juventud," excelente menjurje que venden sólo en Chinatown, al módico precio de dos dólares.

Deseoso de cumplir el encargo me dirigí a los cuarteles de la chinería coletuda, donde pedí el Tesoro, que un horrible mongol me entregó, cuidadosamente empacado.

Me despedía amablemente del chino cuando pum . . .
pum . . . pum . . . Una balacera, de padre y señor mío se
desarrolló en Chinatown, enfrentito de donde me hallaba,
y, con el susto consiguiente, eché a correr por donde pude,
derribando sillas, para que no fuera a tocarme una fría . . .
Mientras emprendía la fuga, los que me veían
exclamaban, con lástima y asombro:
¡Va herido! ¡Va herido!
Un gendarme me detuvo, y me preguntó a quemarropa:
—¿De cuáles es Ud., de los de Sen-Sueg-Ying o de los de
Yip-Shin?
—No hombre, de ninguno. Ni los conozco . . .
—Entonces ¿por qué viene herido? ¿Cómo se llama Ud.?
—¿Herido?—pregunté asustado.
Y volviendo mi vista hacia la pantorrilla derecha, vi que
mi pierna chorreaba sange . . . Con profundo dolor,
exclamé:
—Ya me amolé.
Después no supe de mí. Perdí el conocimiento y me
llevaron, con todos los cuidados debidos, supongo yo, al
Hospital de Emergencias, donde me recibieron bajo bóveda
de acero, los doctores, armados de chafarotes.

* * *

Volví en mí.
Mientras se preparaba lo necesario para el reconocimi-
ento, la amputación y demás, el juez, temiendo que
quedara en la operación se apresuró a interrogarme:
—¿Se llama Ud. Yam-Meam O-Lee?
—No, señor.
—Ud. le dijo así al policía.
—Miente ese genízaro . . .
—No miento, exclamó éste, cuando le pregunté por su
nombre, Ud. dijo, muy clarito, Yameamolé!
—Dije, si Ud. me perdona, ya me amolé; es decir, que
me había amolado.
—¡Ah! ¿Es Ud. chino?
—No, ni ganas . . .
—¿Qué tiene Ud. que ver con las tongas y con sus

escándalos?

—Nada, señor, ni con las tongas ni con las tingas . . .

—¿Qué hacía Ud., entonces, en la tienda de Fuchi-León?

—Compraba el Tesoro de la Juventud para una comadre anciana.

En esto, los médicos me habían desnudado, y me examinaron, de frente, de flanco, de espalda, por todos lados, sin encontrar cavidad extraordinaria alguna.

—Pero si éste no tiene nada . . .

—Y la sangre ¿por dónde me salió? pregunté.

—Qué sangre ni qué demonio. ¡Esto rojo, es colorete . . .!

El juez, muy enojado, me dijo entonces:

—Ud. ni es chino, ni está herido, ni es de las tongas, ni nada; fuera de aquí . . .

Y me corrió vergonzosamente. Y todo fue porque el Tesoro de la Juventud, que según supe después se usa para sonrosar las mejillas, se me había roto en la carrera que dí cuando los balazos.

* * *

Por la noche, fui invitado a una residencia, donde había fiesta. Repuesto de las impresiones de la tarde, me divertía muy tranquilamente, cuando la señora de la casa, Mrs. Green Parrot, se acercó a mí, y con las más dulces palabras que encontró en el lenguaje de Shakespeare, me dijo:

—No tenemos quién nos haga Saint Clauss, y los niños lo esperan . . . ¿Sería Ud. tan amable de prestarse para representar al Buen Viejo? Mr. Oldhorse, un caballero muy respetable que iba a hacerlo, se nos enfermó de flú complicada . . .

Iba a decir que no; pero un ejército de misses se dejó venir a apoyar la petición de la señora, y ante aquella bandada de arcángeles rubios, ojones, altos y esbeltos, cedí.

Me llevaron a apartadísimos lugares, me vistieron de colorado, me pusieron barbas chivunas y me cargaron de juguetes.

Hice la entrada triunfal al regio salón, entre los aplausos y los hurras de la concurrencia. Me vi al espejo ¡y estaba encantador de Mr. Clauss! ¡Palabra!

Terminando el reparto, me fui por donde vine, a quitarme el traje de luces; pero como en esta vez nadie me acompañó, sea que extravié el camino o que me faltara guía, dió conmigo un perrazo enorme, me dejó sin traje colorado, sin barbas y sin mis propios pantalones.

No pude volver a la sala con la ropa hecha pedazos, y esperé que Mrs. Green fuera a rescatarme. Así lo hizo, y me facilitó un largo paleto del cocinero, con cuya prenda volví al salón, donde se comentó mi aventura con el can.

Al despedirme de aquellas gentes, todos me decían sonrientes y satisfechas:

—Mr. Ulica, Merry Christmas . . .

Y en mí, lo único que se reía por sus cien bocas eran los pantalones, que se hallan ahora en el departamento de cachiruleo de la Great Western Cloths Repairing Co., Inc.

**31 de diciembre, 1918**

# Inacia y Mengildo

Si los hombres casados quieren ser menos infelices que "à leur ordinaire," no deben venir, con sus consortes, a los United States. Pueden cruzar la frontera solos, dejando a sus respectivas mitades allende el Bravo, lo más "allende" que puedan, a muy respetuosa distancia. Porque aquí andan las cosas muy mal y el género masculino va perdiendo, a pasos agigantados, como diría un orador cursi, "Sus sagradas prerrogativas y sus inalienables derechos." No es que yo no quiera que vengan más "corraceñas"; pero me duele en al alma ver a los pobres "maridos" sujetos a una vida perra, a un porvenir parecido y a un fin trágico prematuro.

Yo nunca miento, y menos en cosas tan graves, y quien dude de mis afirmaciones, puede leer en los periódicos la reseña del juicio seguido, pocos días ha, contra "Inacia" Gómez de Lira, quien, en un rapto de cólera, despachó al otro patio a su marido "Mengildo" Lira, por no estar a tono con ella en materias culinarias y domésticas.

—Oiga Ud., la dijo el Juez de la causa, ¿por qué mató Ud. a su marido?

—Señor Juez, contestó "Inacia," por "encevelizado" y sumamente "impropio."

—Explíquese Ud. . . .

—Pues, señor, desde hace ocho años que vine a este pueblo, he procurado educar al hombre. Yo soy de Agangueo, es cierto; pero no tan "dejada de la mano de Dios" como era mi esposo, a quien Dios tenga en su santa gloria. Yo, al mes, tenía sombrero, guantes, "overcoat" y zapatos "chinelos." Nada me estorbaba, nada me lastimaba, y podía "bullir" todos los dedos de las manos, menos el chiquito. "Menegildo" se compró un "suit" que decía que "no le estaba," y lo maltrataba mucho, de boca y con las manos. Con el pretexto de que los zapatos le apretaban, se los quitaba al llegar a casa, y me costaba "triunfo" conseguir que se cortara el pelo a la moda, con ese rape tan aristocrático que se usa por acá. De comer, no quería sino cosas "inominiosas" como chicharrones, chorizos, sopes, tostadas, frijoles, menudo y pozole. Imposible hacerlo comer "clam chowder," "bacon, liver and onions," "beef-stew" o "hot dogs." Las "latas" les aborrecía a muerte y decía que la mantequilla, "tan linda como es," estaba hecha de sebo. El día de los acontecimientos, un sábado por cierto, vi que traía muy descuidadas las uñas de las manos y le ordené que fuera a que le dieran "manicure." El no quiso, y envié por la muchacha que hace eso, para que en la casa y en mi presencia se sujetase al tratamiento. Se encerró él en un cuarto, y como no quería salir, por la ventana le arrojé, en momentos de desesperación, con cuanto pude, hasta que mi indignación fue terrible y le tiré con una llave de tuercas que le dio en el "celebro" y lo hizo roncar. Vinieron los médicos y cuando le quitaron el ronquido, me dijeron que el pobre se había muerto . . . Esa es la verdad "pelada," señor Juez.

* * *

La defensa estuvo elocuentísima, y unos de los trozos más selectos del discurso del abogado fue el siguiente:

"¿Qué puede hacer una pobre mujer extranjera, amante de mejoramiento, sedienta de cultura, con un marido que no puede usar zapatos, ni sabe comer "bacon" ni es capaz de comprender el valor de los alimentos "enlatados," que fueron durante la guerra para nuestros "boys" gloriosos y para nuestros aliados algo como el maná divino? Nada, sino tirarle con los trastos a la cabeza."

"Jamás existió en Mrs. Lira la intención dolosa de matar. Ella quiso hacerse entender de quien tenía la cabeza demasiado dura; pero el error estuvo precisamente en la cabeza del occiso, que era más blanda de lo que que se creía y más susceptible de ser rota por los agentes exteriores. De cien cabezas como la de Lira, sólo dos se parten de un golpe con fierro, en las mismas circunstancias en que se partió la del finado, según dictamen pericial. La muerte de Lira ha sido, pues, obra de la fatalidad, del destino, de una marcada mala suerte; pero nunca el resultado de un acto consciente de la infeliz esposa que no ha hecho sino castigar al marido con simples golpes, de conformidad con la ley y de entero acuerdo con usos y costumbres sancionados en nuestro medio social. Señor Juez, señores jurados, no condenéis a esa pobre viuda a quien se acusa de homicidio en primer grado, pues bastante tiene ya con haber perdido, tan trágicamente, a su amante esposo . . ."

El Jurado absolvió, por unanimidad de votos, a la afligida consorte y la felicitó por su certera puntería.

* * *

Casos semejantes ocurren a diario, y nuestras lindas mujeres "de la Raza," mal llegan, cuando se enteran de que aquí mandan ellas y de que los maridos debemos ser mansos de corazón, cortos de palabras y quietos de manos. Y si alguno se subleva y muestra sus bríos allendebravinos, va a parar a San Quintín, cuando la consorte es de sentimientos bondadosos. Cuando es "mal alma," saca un trinchete, un revólver o una bomba de dinamita, y acaba con el belicoso en un dos por tres, segura de la absolución del Tribunal.

Por eso se ve por esas calles de Dios a los pobres maridos cargados con el último chamaco recibido, con los pañales limpios y los usados, con los paquetes de la compra y con el canasto del recaudo, tristes, meditabundos, carigachos y tétricos, como si tuvieran en su mente la visión del presidio o la de los instrumentos mortíferos.

Y es mejor, por lo tanto, que los compatriotas casados que quieran venir a Yankilandia, dejen a sus mujercitas por allá en su tierra.

Así estarán menos expuestos, y posible es que se diviertan más, si son amigos del picopardeo y de la jarana. Amén.

2 de octubre, 1920

# Repatriación Gratuita

Hay un alboroto general para volver a la amada Patria. Nunca la hemos querido tanto como ahora que a ella llevan gratis. Nadie desea quedarse: unos porque no tienen trabajo, otros porque tienen demasiado y no pocos porque ven un cocido en lontananza.

El barrio latino se está desmexicanizando a gran prisa; en el "shipyard" hay muchas bajas de compatriotas; solo de vez en vez se oyen en los billares y "pool-rooms" interjecciones genuinamente mexicanas, picantes y sabrosas; la "Adelita" y la "Cucaracha" no son ya los sones predilectos en los expendios de "bebidas suaves" de la calle Broadway; y, en general, los expatriados se están convirtiendo en repatriados con una rapidez vertiginosa.

Mexicanos que pidieron sus primeros papeles y otros que se empapelaron más se marchan también con rumbo hacia allá, amén de algunos ciudadanos de otros países adyacentes que se han mexicanizado provisionalmente, por sí y ante sí, mientras lleven de oquis.—

Yo me estoy animando. . . .

\* \* \*

La verdad es que las cosas están de color de hormiga. Aunque el Board de Economías y el Board de Estadística y otros de esos "bordos" aseguran que la vida se abarata, no hay que creerlo. Cierto es que algunas sustancias alimenticias y unos pocos artículos de primera necesidad valen un poco menos que en los horribles tiempos de la guerra; pero aún no llegamos al "free lunch" de antaño ni a la cena de a quince centavos con cerveza y todo.

Por otra parte, en eso de la ropa no hay economía posible, cuando tiene uno que vestir al elemento femenino. Las medias, con el alza de las faldas, han subido a alturas tales, que sólo por ese capítulo los jefes de familia se ven obligados a gastar un montón de dólares. Y luego, las zapatillas de moda, que se logran conseguir, compradas en cantidades de seis pares y de segunda mano, o de segundo pie mejor dicho, a seis dólares el par, tamaños surtidos. Antes de la guerra, por piernuda que fuera una mujer y por mucho que le gustara lucir las pantorrillas, se conformaba con las medias del "diez y quince." Excepcionalmente, llevaba medias de a cincuenta centavos el par. Ahora las más baratas no bajan de tres o cuatro dólares.

En cuanto a mí, por fortuna, he intimado mucho con la Superiora de las Carmelitas Descalzas, y tengo grandes esperanzas de que logre catequizar a todas las gentes de casa, para que convengan en hacerse descalzas también. Así andarán sin medias ni zapatos, dando una prueba de humildad, obediencia y de mansedumbre.

* * *

Entre los que se quieren ir se hallan Mr. y Mrs. Blackberry. El nació en Alabama; pero ella es oriunda de Manzanillo y eso basta para que se crea con derecho a la repatriación gratuita.

Mrs. Blackberry era casada, antes, con un manzanillense, don Teódulo Sánchez. La pareja vino a Frisco, donde la señora mejoró, compró sombrero, sobretodo, guantes y pendentif y cambió de marido, divorciándose de don Teódulo, a quien acusó de extremada crueldad por no haberse querido lavar la cara con gasolina para desteñirse. Ahora quiere repatriarse y llevar a Mr. Blackberry, que es joven, güero y trabaja en lo que le manden.

—Vengo a despedirme de Ud. y a pedirle un consejo. —me dijo ella, el otro día que estuvo en casa.

—Estoy a sus órdenes, señora Sánchez. . . .

—Blackberry querrá Ud. decir. Ahora soy casada con un

joven "american."

—Que Dios se lo conserve por muchos años . . .

—Quiero irme a México, mi patria querida, donde los pajarillos trinan, donde hay céfiros primaverales, donde pasó mi niñez florida, donde las golondrinas aprendieron nuestros nombres . . .

—¿El suyo y el de don Teódulo?

—No, ¡el de todos los mexicanos! No me "miente" a Teódulo, lo dejé por prieto, por viejo y porque no tenía olor en los dientes como los "americans" "fines." Y quiero que Ud. me aconseje.

—¿Desea Ud. quitarle el "olor" a su nuevo marido?

—¡No! ¡Qué esperanza! Si huelen tan bonito . . . ¿No los ha olido Ud.?

—Bien a bien, no señora. ¡De lejecitos!

—Haga de cuenta jabón de los de a peso. Bueno. Lo que yo quiero es que me diga Ud. si hay peligro de que Teódulo me juegue una mala pasada al desembarcar en Manzanillo. Allá esta él.

—Ignoro cuáles sean sus intenciones.

—Cuando me divorcié, se aguantó; pero cuando me casé con "Jim," se enojó y me dijo que las piedras se encuentran rodando y que ya nos encontraría . . . Y nos va a encontrar . . . Figúrese que ahora es gendarme de primera, y temo que me dé una garrotiza o se la dé a "Jimmy."

—Dígale a "Jimmy" que no se deje.

—¡Ay! No lo conoce. Tiene tan buen corazón, que cuando le quiebro algún plato en la cabeza, pues Ud. sabe que nunca faltan disgustillos insignificantes entre los casados, sólo dice, "¡Good ems! ¡Good ems!" Eso, según mi maestro de inglés, quiere decir: "¡Que Dios te bendiga, hijita!" Qué buen corazón, ¿no?

—Sí señora, excelente.

—¿Qué haré para evitar encuentro con Teódulo?

—No vaya Ud. a Manzanillo.

—¡Imposible! Me esperan mis amistades. Ya tengo preparado el "five o'clock tea" que voy a dar en casa.

—Aténganse Uds. a las consecuencias . . .

—Veo que Ud. no entiende de "repatriación" . . . Ya

estuve "dónde" el licenciado "american" y me dijo que si tenía "trouble" que avisara a MI cónsul, que es el americano, para que me arreglara las cosas. Y Teódulo le pegará garrotazos a "Jimmy"; pero a mí me paga el gobierno un millón de dólares por cada palo que mi marido reciba en México.

—Pídale Ud. a Dios que lluevan garrotazos . . .
—¡Ay! ¡Qué malo! ¿Y para qué?
—Para que se haga Ud. millonaria . . .
—Ya lo veremos. Voy a que me den los pasajes . . .

* * *

Mrs. Blackberry se alejó, con la firme intención de exigir que la repatrien con marido, baúles, una victrola chica y otra grande, un perico y un gato de Angora. Si don Teódulo no apalea a la pareja en Mazanillo, ¡la Patria se ha salvado! Mr. y Mrs. Blackberry serán mexicanos hasta la pared de enfrente. Pero si hay golpes o se enferma el perico o se enronquece el gato o se desperfecciona alguna de las victrolas, el Cónsul de la "distinguida" dama, antes Matea Sánchez, nos va a dar un dolorazo de cabeza.

28 de mayo, 1921

# Un Ensarte Inoportuno

Ando en busca de un talismán contra la mala suerte. Es decir, para arrojar noramala esta mala suerte que me abruma y que me tiene feo, pobre, viejo, "ostracismado," y de mal humor. Los clarividentes me dicen que mi "joya" astral, que me ha de dar la dicha, es el diamante, y hasta en eso es ingrata mi fortuna, pues son los diamantes lo más caro en cuestión de joyas. Si el día de mi natal hubiera sido consagrado a la piedra berroqueña o al granito en bruto, no habría dificultad en conseguirlos; pero un diamante de Golcondo o del Transvaal no se obtiene sin dinero.

Hasta las partidas que creo tener ganadas me las arrebata el destino impío, dejándome cariacontecido.

Voy a contar a Uds. mi última desventura.

* * *

Me alboroté con una dependienta de céntrica "store," la cual, sin duda, desafortunada como yo, trataba de que la sacara de su mala situación. ¡A buen santo se encomendaba! Pero la linda vendedora ignoraba muchas cosas, principalmente dos: que estoy arrancado hasta la ignominia y que soy casado.

Por eso la pobre muchacha, que no me veía sino la víspera de los grandes días festivos, con mis trapos domingueros y con la testa levantada, y altiva como un "imperator," creyó que iba a salir de apuros conmigo y empezó a amarme, al parecer.

Me lo maliciaba por las atenciones que gastaba conmigo

cuando le compraba cualquier cosa, por las miradas hondas y profundas que me dirigía:

—¡Es Ud. encantadora . . . !

Nunca pude pasar de allí, porque entre mis defectos graves tengo el de ser tímido con las mujeres. A pesar de mis años, no hallo cómo hacer una declaración más o menos elocuente y hasta me ruborizo si una mujer me mira con insistencia.

Sin embargo, comprendí que era preciso, para no ponerme en ridículo, llevar las cosas adelante.

* * *

Intenté hablarla por teléfono. Pedí comunicación con ella; y segundos después, una voz melíflua, dulce, encantadora, musitó un "hello" que me llegó a lo más hondo del alma.

Era el momento decisivo. La dije cuánto mi corazón se tenía guardado, y ella silenciosa, probablemente pensativa, oía mis palabras que caían en su oído ya una por una, cuando yo tartamudeaba, o en torrentes cuando se salían en montón.

Terminé y la misma voz me dijo:

—"What number do you want?"

Di el número que correspondía al teléfono de la linda muchacha y luego me contestaron, entre risas y guasas:

—Ha equivocado Ud. el número . . .

Pude comprobar después que, en efecto, había habido error en la comunicación.

* * *

Entonces, se me ocurrió llevarla a un cine. Allí, en la poética oscuridad, en medio de la tibieza encantadora que proporciona el "steam heat," viendo las escenas de amor que se desarrollan en la pantalla, cualquier corazón, por viejo y apergaminado que esté, siente los bríos juveniles y late con pasión abrileña.

Por desgracia, no todos estamos para estas danzas. No sé cómo fue, pero me dormí como un tonto, y la muchacha, muy enfadada, me despertó, porque mis ronquidos estaban inquietando a los espectadores vecinos.

Ante aquello, era imposible una declaración amorosa.

A la salida, mi compañera me preguntó, con su melosa vocecita:

—¿No tiene Ud. máquina? (Se refería al automóvil.)

—Sí tengo, señorita; pero el chauffeur se ha enfermado y no me atrevo a guiar "mi" coche, que es muy fino, por estas calles de tanto tráfico.

En grandes anuncios leí una frase que me podía dar la clave de la situación. "Say it with flowers," decía.

Fui y elegí las flores que, según el Diccionario de los Amantes, significan pasión volcánica, amor desbocado, entusiasmo sin freno y "o me quieres o me mato."

Pero resultó que, aunque la muchacha era "pocha," no conocía el lenguaje de las flores en ese Diccionario sino en "The Lovers' Guide," y lo que en Spanish significa amor incontenible, dicho con flores, ya traducido al inglés quiere decir, "Trae Ud. las medias sucias."

¡Una atrocidad!

*  *  *

Vino el "Thanksgiving Day" y fui invitado a un "party" fuera de garitas, a donde ella debía ir también. Después del "lunch," recorrimos los campos, en los que el invierno que se avecina empieza a poner ya sus toques de aguda marchitez. Juntos y solos, ascendimos a una loma escueta, y me dije: ¡Ahora o nunca!

Tímidamente, con una emoción grandísima, supliqué a mi linda compañera, que me eschuchara tres palabras, "sólo tres palabras," que iba a decirla.

Asintió ella y se sentó sobre el suelo desnudo.

—Vengan luego esas tres palabras — me dijo, muy contenta.

Me senté a su lado para decirlas; pero mi estrella fatal, mi signo desgraciado, mi suerte atroz hicieron que al sentarme se me clavara en las posaderas una espina de huizache o de no sé yo qué otra planta maldita. Al sentirme herido y tocar la aguda espina, no pude menos de exclamar, con profundo dolor y con cólera más profunda aún:

—¡Hija de la . . . Diabla!

99

Naturalmente yo lo decía por la espina; pero la muchacha, creyéndose aludida, se levantó rápidamente, me dió una mirada terrible y exclamó:

—¡Grosero! . . . ¡Esas eran las tres palabras que iba a decirme . . .! ¡Dígaselas a su mamá, malcriado!

Así, por mi mala suerte, terminó el idilio, que los comentaristas puedan glosar, pasando los años, con el llamativo título de "Un ensarte inoportuno."

**26 de noviembre, 1921**

# Mesican Wine

La Ley Volstead, de fama universal, que prohibe en los Estados Unidos la fabricación, exportación, venta y consumo de vinos y licores para usos estrictamente emborrachantes, empieza a dar sus primeros alazos sobre los extranjeros irrespetuosos que fabrican vino, lo traen de fuera o beben del hecho aquí.

Además de haber sido encarcelados y multados algunos miembros de las "colonias de habla español" por hallarse en flagrante delito de fabricación de aguardiente catalán completamente sintético, en un pueblo de California han sido llevados a jurado tres "mexicans" a quienes se acusó de haber importado de allende el Bravo un licor "intoxicante," fatal, que duerme al cuerpo y trastorna la mente, el cual es llamado por algunos "ticuaila" y por otros "warm water," según dice el escrito de acusación.

Se les recogió una caja de legítimo Tequila y algunos otros artículos que formaron el más convincente cuerpo de delito.

Llegó el día del juicio, no el juicio final, que ya llegará, sino el de los compatriotas acusados de exportar vinos intoxicantes . . .

* * *

Según la fraseología "pocha," "tomó tiempo" eso de seleccionar a los miembros del jurado. El Ministerio Público rechazó a los candidatos de nariz enrojecida, a los que llevaban grandes ojeras, cicatrices sospechosas o eructaban a menudo. No pasó a los que manifestaron gustarles el vino de vez en vez ni a los que opinaban en el sentido de que un trago a las once tonifica el cuerpo y alegra el espíritu.

Entre otros, se presentó en escena un individuo que iba saliendo de la prueba inmaculado como la nieve alpina e iba a tomar su asiento en el sitio destinado a los juzgadores. Pero la mirada escrutadora del Procurador descubrió, pendiente de la cadenilla del reloj que llevaba el presunto jurado, un objeto sospechoso, una diminuta navaja.

—¿Qué lleva Ud. en esa cadena? — interrogó el agente.

—Nada más una navajita.

—Tráigala Ud.

El caballero obedeció la orden y entregó la navaja, una de cuyas hojas era un tirabuzón.

—¿Para qué quiere Ud. este feo chisme?—preguntó amostazado el Fiscal.

—Es un "recuerdo del ayer,"—manifestó el interpelado.

—Pues no puede Ud. ser jurado cuando conserva como recuerdo objeto que avergonzaría a cualquier hombre de bien. "Get out!"

\* \* \*

Por la cuestión del mexicanismo o antimexicanismo, fueron desechados no pocos ciudadanos.

—¿En que opinión tiene Ud. a los mexicanos?—preguntaba el Fiscal.

—Creo que son muy buena gente—respondía algún sujeto.

—Desechado—exclamaba el funcionario,—por estar a favor de los acusados.

Venía otro individuo:

—En que opinión tiene Ud. a los "mexicans"?—interrogaba el Fiscal.

—En la de que son unos hijos de la maceta,—contestaba el nuevo candidato.

Y entonces el defensor de los reos, con voz de bajo profundo, exclamaba:

—¡Lo rechazo porque está predispuesto contra los acusados!

—Oiga, jefecito,—gritó, en una ocasión, uno de los reos desde el banquillo.—No se le olvide decirle al "siñor" que el hijo de la maceta lo sera él.

Al fin, completo el tribunal, empezó el juicio, ante la curiosidad de multitud de espectadores que llenaban la sala de audiencias.

\* \* \*

Se trajo, ante todo, el cuerpo del delito. El defensor manifestó que no juzgaba intoxicante ese "mesican wine," extraído de una de las plantas más hermosas de la tierra azteca, el legendario mezcal, el opulento agave.

El Juez ordenó que se abriese una botella y se diese a reconocer a los jurados, para mejor entendimiento. Así se hizo. Se pidió un tirabuzón a la audiencia, y cuatrocientas manos se alzaron en un solo impulso, mientras de igual número de gargantas salía el grito de:

—¡Aquí está uno . . .!

Pronto, el estallido del corcho al abandonar la botella se dejó oír por el salón, y los jurados, uno a uno, fueron probando el "infernal" líquido.

Pasaron algunos minutos . . . Uno de los jurados propuso se sirviera otra dosis, enteramente comprobatoria, del malhadado aguardiente. Se acabó la botella y se abrió una más. Era la hora precisa del "lunch." Otro de los juzgadores se puso en pie y dijo:

—Con la autorización que nos da la imperiosa necesidad de dar un fallo justo, pido que, para ulteriores pruebas, se nos permita al "lunch," a cada jurado, una botella de ese licor asesino.

—Concedido—manifestó el juez.

Y cada uno de los jueces populares llevó consigo una "adorable trigueña" rebosante de tequila.

\* \* \*

La sesión de la tarde fue brevísima. Lo jurados estaban contentísimos, locuaces, llenos de "pep." Oyeron al Fiscal, en su tremenda requisitoria, como quien oye llover, y al

103

defensor casi no lo oyeron porque ya tenían mucho sueño.

Se cerró el debate, los jurados fueron despertados para deliberar, y ellos, a fin de ponerse de acuerdo en algunos puntos dudosos, pidieron otra botella de "warm water." Se les llevó. Media hora después, se leyó el fallo a la asamblea. El fallo fue "not guilty," por unanimidad.

Los jurados fraternizaron lo más democráticamente posible con los culpables, absueltos ya, y muchos de los concurrentes rodeaban a los "mexicans," felicitándolos, abrazándolos y preguntándoles casi a grito:

—¿Dónde se vende el "ticualia"? La dirección, ¡please! ¡please!

Y cuentan las gentes que en el pueblo aquel y en sus contornos, no hay ciudadano que no tenga anotado en su cartera la palabra "Tequila," seguida de una o varias direcciones, ya de casas fabricantes o de agencias exportadoras.

**15 de abril, 1922**

# Nice-Beach

Es Nice-Beach una de las más bellas playas del Pacífico. Hermosas puestas del sol, deliciosa temperatura, brisas refrescantes y ambiente embalsamado por los pinos de los bosques cercanos. Además, muchas bañistas guapas, una concurrencia numerosa y escogida y fiestas y paseos que hacen olvidar los trabajos y las penas de esta existencia mísera.

Allá fui a vacaciones, dejándome arrastrar por la impetuosa corriente de la vida que, al fin, ha de llevarme "hasta dar con la mar que es el morir."

A Nice-Beach se va a tomar baños de mar y a emprender excursiones a las montañas cercanas; pero yo soy malo para lo uno y para lo otro.

Además, no me hallo perfectamente enterado de los usos y costumbres de las playas, y eso me causó no pocas desazones.

* * *

Al siguiente día de mi llegada, me uní a los bañistas. Los más listos, se apoderaron de las casetas para cambiar trajes; otros, llevaban sus vestidos de baño bajo la indumentaria ordinaria, y podían sin ofender el pudor propio y ajeno quitarse las ropas. Yo, menos instruído en etiqueta playera, llevaba el traje de baño envuelto en un periódico, para cambiarme cómo y cuándo pudiera.

Por poco no podía. Imposible desvestirme al aire libre e imposible también permanecer sin ropa mientras pasaba del estado de turista al de bañista. Un guarda, viendo mi situación, me condujo a lo largo de la playa hasta una peña, tras la cual pude trocar un traje por el otro.

Ya en el agua, me tocó por compañera una beldad que decía ser esposa de un coronel que murió en la gran guerra. Joven, bonita, apasionada y romántica, dio y tomó en que me parecía a un novio que había tenido antes de su matrimonio, y me manifestó entrañable afecto. Con tan plausible motivo, pretendió que me internase con ella a la región de los tiburones hambrientos y de las toninas cebadas; pero decliné tanto honor y renuncié a habérmela con las fieras marinas.

Betty, así se llamaba, era toda una deportista; nadaba sobre el agua, debajo de ella, de pecho, de espalda, de costado y hasta de cabeza. Yo la veía de lejos, admirando su ligereza, su garbo y su chic.

Me empezó a dar frío, mucho frío, e intenté salirme. Pero mi compañera, como Julieta enamorada de Romeo, me gritó, con acento muy dulce.

—No se vaya, no es tiempo todavía.

* * *

Tuve que permanecer entre las ondas, tiritando y convulso. De pronto, lancé un desgarrador ¡ay! mientras se alejaba, de cerca de donde yo estaba, una masa enorme.

—¡Estoy herido!—exclamé.—Un pez-espada me ha abierto la barriga de lado a lado. Cuando menos, la tengo traspasada.

Acudieron los bañistas, el guarda y los espectadores, y allá a lo lejos se veía flotando la masa que había cruzado junto a mí, lesionándome. Pero entonces, ya tenía la cabeza de fuera y parecía cristiano.

Se hicieron las averiguaciones, llegándose a la conclusión de que el autor del desaguisado no era pez ni traía espada, sino un ciudadano armado con enormes uñas en las extremidades posteriores. En las filigranas natatorias que hacía, me dió un arañazo feroz, causándome una herida, que, aunque dolorosa, no fue de gravedad.

106

Abandonamos las aguas del Pacífico, dirigiéndose mi compañera a su caseta y a mi peña yo. Nos citamos para volver juntos al hotel.

* * *

Betty se vistió en un dos por tres y fue a encontrarme. ¡Cómo me encontró! El frufruar de sus vestidos de rica seda hacía contraste con mis ropas interiores, de algodón estropeado por el uso.

Lo único que pudiera haber sido presentable, los calcetines, que eran de sedalosa sedalizada, de a veinte cents el par, o se los había llevado una ola o se los había comido algún pez de rapiña. No los encontré por todo aquello.

Avergonzado y confuso, bajé los ojos; pero mi compañera, comprendiendo mi situación, me dijo:

—No le dé a Ud. pena. ¡Mi novio tampoco usaba calcetines! Era despreocupado como Ud.

Ya me estaba conformando con tal reflexión cuando el guardia con aire de triunfo, agitando algo en su mano, se acercó a nosotros:

—Sus calcetines, ¡caballero! ¡Se los había llevado el viento!

¡Que barbaridad! ¡Valía más que no hubieran aparecido! De una ojeada, pude comprender que eran los más agujereados del repertorio. Unos verdes.

—Póngaselos Ud.—me dijo Betty.

—Mire Ud., Bettita, me voy a poner los zapatos únicamente, para que los pies se estiren, se refresquen y descansen.

Y con gran disimulo, coloqué en la bolsa de mi saco los maltrechos calcetines.

* * *

A la hora de comer, la mesa del hotel estaba hermosísima, cubierta de flores y exornada con riquísimos jarrones de plata. La música tocaba, el radiófono cubría los intermedios y más de cuarenta huéspedes gustábamos los exquisitos manjares dispuestos por un magnífico "cordon bleu."

Con el prolongado frío del baño, me había acatarrado un poco. Durante largo rato estuve conteniendo un rebelde estornudo que pugnaba por salir, hasta que estalló sin remedio:

—¡¡¡Achís!!!

Metí la mano a la bolsa para sacar el pañuelo, y salieron los dos calcetines. Me llevé uno, sin saber lo que era, a las narices, y el otro cayó en el plato de una señora respetabilísima que se encontraba a mi izquierda. ¡La catástrofe!

Abandoné la mesa, el hotel, a Betty y a Nice-Beach.

**15 de julio, 1922**

# Lo "Spanish" Está de Moda

Lo "spanish" está de moda. A un periódo de olvido, de indiferencia y hasta de hostilidad para lo que procedía de la Madre Patria y de sus hijas las veinte repúblicas dizque hermanas, ha sucedido un entusiasmo vehemente por lo español, sea legítimo o falsificado.

Spanish songs, spanish dances, spanish girls y spanish boys privan únicamente en salones y fiestas; las conservas alimenticias más apreciadas son las españolas, especialmente las que traen la marca de la Real Casa; el idioma castellano tiene ahora infinidad de devotos; las películas cinematográficas de moda son las que desarrollan escenas de la vida hispana, y el chorizo de Extremadura ha derrotado en los mercados de carnes frías a todos los otros chorizos de procedencia nacional o extranjera.

Ya el fox-trot va cediendo el campo a la jota; el two step al tango argentino; el "hesitation-waltz" a las malagueñas, y el one-step al jarabe tapatío. Ninguna reunión resulta a la moda si no se toca el "Cielito Lindo," se canta "La Copa del Olvido," y se baila "La Cucaracha."

Entre los proyectos que se traen entre manos algunos senadores muy picolàrgos, está el de convertir en ruedos taurómacos varios de los salones de boxeo establecidos en el país.

Han subido, por consiguiente, los bonos de la familia española, a alturas que no alcanzaron ni en los tiempos de las misiones ni en los del Gobernador don Pío Pico, y en verdad os digo, hermanos raciales, "spanish" queridísimos, que hay que aprovechar el tiempo y meter el buen día en casa.

Si las "spanish" girls no se casan ahora con un millonario, será porque completamente están dejadas de la mano de Dios y perseguidas por el más negro infortunio. Si los jóvenes venidos de España o de sus colonias no pescan ahora una americana con hartas cantidades de "gold," doncella, viuda, divorciada o de estado civil no definido, es porque se pasan de brutos.

¡Ahora es tiempo, hermanos de Raza, "sheiks" castellanos, donceles trigueños que vinisteis desde las inmediaciones del Río Bravo hasta los confines de Patagonia! Valentino, Antonio Moreno y Ramón Navarro, con sus personificaciones legendarias de héroes españoles, nos han abierto el camino de la prosperidad. ¡Metámonos por la brecha y ancha Castilla!

* * *

Por supuesto que los corraceños que quieran arribar no deben olvidarse de ciertos requisitos necesarios e indispensables para obtener éxito en la empresa.

Mujeres y hombres que deseen triunfar como "spanish" genuinos han de saber bailar siquiera unos cuantos compaces de jota, otros pocos de tango y tendrán que extraer de lo más recóndito del alma, cantares tan "jondos" y tan hermosos como éste:

"¡Ay, ay, ay, ay, mi mare . . .!
¡Ay, ay, ay, ay, la tuya . . .!
¡Ay, ay, ay, ay la del señó Jué . . .!
Echa una copa, una copa llena,
Llena de Jeré. . . ."

* * *

Las mujeres "spanish" deben llevar manto o mantilla, una navaja enorme bajo la media de seda, y unos peinetones formidables, amén de prolongaciones pilosas junto a las orejas. Los hombres no pasarán por españoles legítimos si no usan chaquetilla alamarada, pantalones de tapabalazo, de colores chillantes, y sombrero cordobés, montera o pañuelo rojo atado a la cabeza.

* * *

Por no españolizarse conforme a estas reglas, ineludibles e inevitables, Calamanda Ancira no figura entre las millonarias estadounidenses. Un vejete riquísimo que vio a Pola Negri en "The Spanish Dancer" se entusiamó a tal grado con lo español, que juzgándose un don César de Bazán, decidió ir por el mundo de la aventura, y publicó un anuncio en estos términos: "Señora o señorita "spanish" de buena presencia, de no más de 40 años, tendrá favorable acogida en casa de caballero de edad, pero con dinero y muy afectuoso.—Objeto: matrimonio."

Fuese volando Cala a casa del millonario, al cual juzgó fácil al halago y blando a la seducción. Ella tenía sus cuarenta bien pasados; pero pintada, aderezada y con varias manos de gato y enmendaturas podía pasar por de treinta años.

Mr. Stock, que así se llamaba el magnate, citó a sus peritos y éstos hicieron un exámen atento y detenido de la aspirante a millonaria consorte, no encontrándola aceptable.

La dieron a fumar un cigarrillo y se indispuso horriblemente del estómago; la registraron bien las piernas, y no encontraron navaja por todo aquello; la pusieron a bailar, y no supo ni jota de la Jota, ni conocía, de oídas siquiera, las melodías de la tierra de María Santísima. En lugar de decir: ¡Olé! ¡Olé! cuando cantaba peteneras, gritaba ¡Hello! y usaba la pandereta como si fuese tambor, marcando el paso redoblado, únicamente.

Desechada y despechada, fue a la Corte, pretendiendo obtener una indemnización por "quiebra de promesa," pero perdió el pleito. Dijo ser oriunda de Chisporotépero, lugar que los geógrafos no han podido localizar en la patria del "Cid Campeador," sino en la Tierra del Fuego.

Por lo tanto, los hermanos de raza deben ser precavidísimos en eso de la españolización, que debe hacerse conforme a los modelos yankees. De otro modo se irá al fracaso. Para besar, por ejemplo, habrá que cerrar

111

los ojos, dejar caer los labios tenuemente, muy tenuemente, sacar la lengua y desmayarse en el preciso momento del chis-chas. Así se besa en España y sus posesiones de Ultramar, antiguas y modernas, según los comentaristas americanos y las películas del Cine.

10 de noviembre, 1923

# El Palacio de las Tribus Peregrinantes

No ha sido el señor Tutankhamen el único soberano a quien se ha molestado en su sueño secular, para arrancarle los tesoros que guardaba en su real hipogeo de Luxor. La sed de los descubrimientos arqueológicos se ha hecho insaciable. No hay quien no desee encontrar alguna tumba olvidada con dos o tres reyes, un faraón, un puñado de princesas o algún tierno principito.

Los sabios dicen que lo que buscan es el esplendor de la ciencia; que se haga luz en materia histórica; que se sepa cómo eran las sillas en que sentaban los soberanos de los siglos prehistóricos y qué comían a la hora del lunch. Pero eso no es cierto. La verdad es que, como a los grandes de la antigüedad los enterraban con todo y pertenencias, los investigadores científicos buscan, además de la correspondiente tajada de gloria, algunas alhajitas de oro faraónico.

* * *

La búsqueda de momias orificadas y de esqueletos encerrados en cajas de oro, plata y bronce, se hace en cuantos países existen, y quien dijo que no creía ni en "la paz de los sepulcros" estaba en lo justo.

* * *

En un pueblo californiano situado cabe manso riachuelo, fue encontrado, por un explorador arqueólogo, cierto fragmento de barro, que llamó poderosamente su atención, pues barro de ése no existe ahora por estas latitudes. Explorando aquí y allá, el sabio encontró otros pedazos de barro, y sacó por consecuencia que, bajo el lecho del riachuelo, debía haber una ciudad prehistórica enterrada, algún cementerio repleto de muertos ilustres y ricos o, cuando menos, el suntuoso mausoleo de algún indio bravo y debelador de pueblos.

El explorador lanzó bonos al mercado para emprender trabajos de descubrimiento, hizo que se declarara obra de utilidad pública la de excavar los lugares sospechosos de encerrar cosas viejas y consiguió una subvención muy gorda de una multitud de sociedades sabias.

Fue desviado, con relativa facilidad, el lecho del río, se emprendieron las excavaciones, y casi a flor de tierra surgieron tepalcates y más tepalcates, de tal olor a antigüedad que no dejaban lugar a duda sobre su procedencia prehistórica.

Las excavaciones se siguieron haciendo secretamente hasta el día en que el sabio explorador, llamado Mr. Ivan Pourred, anunció que con los dineros sobrantes, iba a principiar las obras de construcción de un palacio donde exhibiría las grandes cosas que había encontrado. Lanzó más bonos para la construcción de un edificio, pidió nuevas subvenciones, y a la par que los trabajos aúlicos, como él los llamaba, hizo una residencia, compró rancho y se hizo de automóvil.

Al fin, el "Palacio de las Tribus Peregrinantes" quedó concluido, y se anunció la inauguración del edificio y del museo, donde se almacenaron los valiosos objetos y las grandes reliquias encontrados.

* * *

Mr. Pourred, a quien después de sus descubrimientos siete universidades doctoraron, pronunció el discurso inaugural, en éstos o parecidos términos:

"Ladies and Gentlemen:—Hace entre seiscientos y mil años que pasaron por aquí, persiguiéndose las unas a las otras, varias tribus salvajes que se odiaban a muerte y querían comerse crudas entre sí. Eran los chichimecas, los pipimecas, los colulmecas y los simplemente mecas. Después de pelear por siglo y medio, los mecas se quedaron

114

solos y libres, estableciendo su residencia en estas cercanías. Reinaron contentos y felices; pero el año de 1313, viernes 13 de Octubre, a media noche, hubo un terremoto atroz, el río del Pinacatle Cacomixtle se salió de madre e hizo una hecatombe padre. Arrolló la ciudad, centro y sede del reino meca, ahogó centenares de mecos y mecas, se llevó las casas y sólo dejó en pie, pero sepultados bajo sus aguas, al real palacio, que es el que yo he descubierto y cuyas maravillas vais a ver en los múltiples salones de este gran edificio, debido a la munificencia de los sabios y de los gobernantes. Reinaba a la sazón, entre los mecas, la Reina Serdoniax, como lo prueban varios objetos de su propiedad encontrados, y el primer Ministro era un indio gigantesco llamado Selmo, de grandes cualidades gubernativas. . . ."

Los sabios aplaudieron hasta que les dolieron las manos, y se procedió a la visita del museo.

\* \* \*

En el salón principal, en una plataforma artística, se ostentaba únicamente un metate, con su respectiva mano. "Esto,—explicó el Dr. Pourred,—es la piedra de los sacrificios. Los prisioneros, amarrados de pies y manos, eran traídos junto a esta terrible máquina, se les colocaba la cabeza en el plano inclinado de piedra, y con este monolito —la mano del metate—se les mataba de un golpe certero y formidable. Luego se les sacaba el corazón y se le daba a comer a los concurrentes . . ."

En otro salón, se hallaban dos o tres comales, rotos y maltrechos, varias cazuelas, un abrigo para la lluvia, formado por hojas de palma, de ésos que son llamados "chinas," dos rebozos y tres pares de huaraches.

Manifestó el sabio doctor que los comales eran escudos que usaban lo guerreros para librarse de las flechas del enemigo; que las cazuelas eran pebeteros donde se quemaba incienso a las deidades mecas; que la "china" era el traje real de la reina Serdoniax y los rebozos los mantos de S.M. En cuanto a los huaraches, aseguró que eran trofeos de guerra, pieles de enemigos prensadas por un procedimiento ignorado.

115

Al percatarme de tanta sabiduría y al observar cómo los otros sabios y los concurrentes creían a pie juntillas cuanto afirmaba el doctor, abandoné sonriente el "Palacio de las Tribus Peregrinantes." Al verme, una anciana que salía también, me hizo esta revelación:

—Mire Ud., el hombre del discurso es un bribón. Ya le dije que no había tales antigüedades; que en la inundación del 1856, el río derrumbó esa casa que era de la Sidronia Pérez y de su marido don Anselmo; que los tepalcates que se encontraron eran las tejas de la casa y que cuanto había allí lo dejaron abandonado, en un bául, al correr, D. Anselmo y la Sidronia. Me dió cinco dólares, me dijo que me callara y ahora tiene Ud. el Palacio, el museo y cuanto hay.

¡Los periódicos dieron cuenta de la inauguración del palacio y museo, haciéndose lenguas de la sabiduría del Dr. Pourred, y lanzando anatemas contra las civilizaciones bárbaras que inmolaban a monolitazos a los enemigos en la obiada piedra de los sacrificios!

¡Y pensar que la tal piedra sólo sirve para el nixtamal de las tortillas!

**28 de marzo, 1924**

# Sobre el Arte Culinario

Mi amigo Eusebio Pardiñas está encantado con su mujer. No es una belleza, no; pero sabe hacer unos platillos a la mexicana de chuparse los dedos. Moles, pipianes, enchiladas, tamales, tacos, tostadas, todo eso de la cocina nuestra toma en sus hábiles manos un gusto delicado. No hay quien no se haga lenguas de Lugardita, la esposa de Pardiñas, después de haber saboreado algunos de sus platillos favoritos. Dos o tres veces que he ido a tomar el lunch o la cena a la casa de los Pardiñas, he devorado cuanto me dan, y, después de haber yantado a más no poder, he tenido que recibir atenciones médicas por mi glotonería y mi poca fuerza de voluntad para detenerme en el punto preciso en que termina el buen comer y empiezan las indigestiones.

Lo malo es que Lugardita ya no quiere guisar "mexican," como ella dice. Se ha enamorado de la cocina americana con un afecto profundo, y ahora hace "beefsteaks" de diferentes clases, con unas "gravies" olorosísimas a valeriana; "cakes" con cremas a colores; sopas con espesadura de yeso o de talco; polentas con aserrín de sándalo y ensaladas de apio con esencia de canela. Hasta los frijoles refritos los guisa ahora al "american style."

Mi amigo Eusebio, que tiene un estómago de avestruz, dice que no ha extrañado el cambio de alimentación, aún cuando se queja frecuentemente de dolores barrigueños intensos y, en más de una ocasión, ha sufrido, después de la comida, vómitos atroces.

* * *

En esas condiciones, fui invitado, otra vez, a comer con los Pardiñas, antenoche, y acepté de buen grado la invitación, confiado en que, con mi carácter de compatriota de los anfitriones, sería obsequiado con alguna de esas fritangas nacionales que tan sabrosamente confecciona Lugardita.

Eusebio, el esposo, me advirtió que su habilidosa consorte se había quemado dolorosamente un dedo al condimentar no sé qué platillo moderno, en que se hace uso del soplete eléctrico, que ella no maneja bien del todo, y que si algo salía malo no fuera a causarme extrañeza. Por respuesta, elogié el conocimiento de Lugardita en asuntos culinarios y ofrecí estar puntual a la hora de la comida.

Lo primero que los cónyuges amigos hicieron cuando llegué a su hogar, fue enseñarme las preciosidades que encierra una cocina moderna para preparar los alimentos que en el "american plan" se usan. Máquinas para pelar papas, betabeles, bananas, zanahorias y nabos; trituradora de arroz, clavos y pimienta, aparatos para desespinar pescados; calderas para contener una res entera, y pequeñitas para freír un huevo de paloma; llaves de gas, de vapor, de corriente eléctrica, de aguas frías y calientes y de aire comprimido. En fin, tal multitud de trebejos, que cuando todos están en movimiento hacen más ruido que el de un tren trepidante.

Eusebio reprendió a Lugardita porque traía al descubierto la escara que la había causado la quemadura; pero ella respondió asombrada, que no se acordaba donde había dejado el esparadrapo, la venda y el dedal con que se cubrió la lesión.

Fuimos a la mesa.

* * *

La señora de la casa recomendó sobremanera la sopa, uno de los más sabrosos platillos que se conocen, según

118

afirmó. Sopa de levadura con miel. Estaba empalagosa, agridulce y sofocante.

Siguió un asado de carnero con jarabe de anís. Algo emético, pareciome. Vino después un potaje de albóndigas vegetales. Consiste en ciruelas frescas envueltas en huevo y harina. Tuve que tragármelas como si fueran píldoras de quinino crudas.

Divisé los frijoles, y experimenté algo como alivio. Pero los frijoles estaban fritos con mantequilla de cacahuate.

Sentí que se me hinchaba la barriga paulatinamente.

Apareció lo mejor del banquete, en concepto de la muy perita y experta señora de la casa; un gran "cake" con un Tío Sam y un ranchero mexicano dándose las manos, dibujados con pasta de almendra colorada.

Elogié cuanto pude aquella pieza de pastelería, cuyo aspecto era verdaderamente subyugador.

—No crea que está muy bueno,—me manifestó Lugardita.—Salió un poco duro porque la válvula de desecación se quedó abierta once segundos más de lo regular.

Se me sirvió mi pedazo de cake y procedí a comérmelo. Verdaderamente estaba duro. ¡Muy duro! Con mucha dificultad podía pasarlo. Entre bocado y bocado, me eché uno que se me atoró completamente en el gaznate y que me provocó la tos.

—Tome agua,—me dijo Eusebio.

La tomé y lo mismo. La tos no cesaba. En uno de los esfuerzos que hice, salió por la boca algo raro y extraordinario, que al caer al suelo se desenrolló. Era la venda que se había perdido a la hacendosa dueña de la casa y que había caído dentro del cake. Con la venda salieron el esparatrapo y el dedal, que me hubiera tragado si no se me atoran a tiempo.

Lugardita se puso roja como una amapola al ver aquello. Eusebio me trajo un vaso rebosante de anisado para que me pasara la mala impresión y yo salí corriendo rumbo al hogar para ponerme seriamente en cura, pues la sopa de levadura me puso en condiciones terribles. Ya acostado llegué a temer que la barriga me llegase al techo. Tal era la elevación que alcanzaba.

Después de seis horas de bombeo incesante con un extractor de gases malévolos, volví a la normalidad; es decir, perdió mi abdomen su esfericidad aguda, desapareciendo el peligro de que se abriera de lado a lado por efecto de un restiramiento excesivo.

He suplicado a los Pardiñas que cuando vuelvan a invitarme a su mesa, tengan la bondad de tratarme como amigo y compatriota, dándome chile verde con queso, carne de puerco ranchera, ejotes, enchiladas y nopales, y se dejen de guisotes exóticos hechos para paladares más exquisitos que el mío.

**22 de noviembre, 1924**

# La Ociosidad de Moda

Los rompe-cabezas han tomado por asalto todas las cabezas, desgraciadamente sin romperlas. Son ésos que los periódicos llaman "crossword puzzles" y han alborotado desde a los millonarios hasta a los hombres que tiran las basuras. La prensa está discutiendo ahora quien fue el inventor de esas "distracciones" para darle un premio, y los estadistas más serios y más formalotes andan con la sesera ocupada en buscar determinada palabra para solucionar un problema no de altas finanzas sino de deletreo.

Las señoras de casa hacen la comida al mismo tiempo que, con lápiz y papel al lado, procuran coger la palabra que se les escapa y que es la clave del "puzzle." Naturalmente, se les tira la leche, se les queman las remolachas y les sale sin sal el cocido.

Es tal el vicio que se ha desarrollado a este respecto, que en días pasados, que fui a rasurarme a una barbería, el rapista estaba triste, preocupado, como si se hubiera muerto la madre o se le hubiera escapado la mujer. Me puse en sus manos con el temor consiguiente a un desliz de la navaja.

—¿Cómo quiere que le arregle la nuca? interrógame.

—Al rape,—le contesté.

—¡Rape, rape, rape! . . . ¡Bendito sea Ud.! Esa es la palabra que buscaba y que me tuvo sin dormir la noche entera. Rape. . . . ¡Me ha salvado!

Y el hombre brincaba de gusto, ante el azoro de los parroquianos y de los compañeros de desollamientos.

* * *

Obedeciendo a un llamado urgente de la Universal Banking and Trust Co., ocurrí a ver lo que se quería de mí, pues se me llamaba en calidad de perito "spanish." Algún documento interesante, pensé, que necesita traducción, interpretación o comentario.

Ocurrí con la diligencia del caso, estrañándome sobremanera que no se me sujetase a las antesalas ni a las esperas acostumbradas.

De rondón se me pasó a la oficina privada del Director, Gerente General y accionista mayor de la poderosa casa bancaria.

—Tome Ud. asiento,—me dijo el alto funcionario.

Así lo hice, y en seguida añadió:

—Necesito una palabra, de seis letras, que signifique, en español, animal muy común y feroz.

Me eché a pensar. Tengo olvidada la Zoología y soy poco fuerte en asunto de animales. Recorrí la escala de todos los seres dotados de vida, notables por su bravura; pero los que venían a mi memoria tenían más o menos de las seis letras: león, oso, leopardo, tigre, hiena, toro, alacrán, tarántula, culebra, tiburón. . . .

—¡Ya lo encontré!—exclamé al fin, gozoso.—¡Víbora!

—No, víbora no,—contestó el gerente bancario.—tiene que empezar con ese.

—¿Con ese? ¡Sierpe!

—Debe tener una ge en medio.

Me entregué a profundas meditaciones. Entretanto, el banquero me veía colérico y, de vez en vez, daba unos resoplidos tremendos. Luego, exclamó:

—Le concedo cinco minutos para que me dé la solución. ¿Qué clase de perito "spanish" es Ud., que no conoce animales feroces, en su idioma, de seis letras?

En un rapto de cólera, ante mi impotencia lingüística, aventuré, sólo por probar, este vocablo: ¡Suegra!

¡Era la palabra . . .! El gerente me dio un abrazo, me prometió que se me nombraría intérprete oficial de la corporación y me indicó que pasara mi recibo, por $1.75, a la caja.

En la caja se me ha dicho que se me pagará tal suma tan pronto como sea aprobada por el "board" de inspectores.

* * *

Los Nippers, que en su tierra se apellidaban Gutiérrez, han tomado con mucho empeño lo de los rompe-cabezas, como buenos sujetos traducidos al inglés en estas tierras.

El novio de una de las muchachas, llamada aquí Nelly, Nicanora en su país natal, me dio la comisión de que pidiera en matrimonio a la joven. Llegué en el preciso momento en que la familia entera descifraba un "puzzle."

—Ahorita lo atendemos,—me indicó el jefe de la familia.
—Vamos a terminar este problema. ¿Ud. nos ayudará, verdad?

—Haré lo que pueda,—manifesté.
—Bien. Una palabra que signifique parte del cuerpo humano que suele corromperse y no oler bien. Con F. ¡Efe!

La señora de la casa, sin darse cuenta de lo que decía, soltó, en español legítimo, un vocablo muy atrevido, que nos puso en vergüenza.

—No, Mrs. Nippers,—observóla su marido,—ha de ser palabra en inglés y no tan larga. . . .

—Es que yo no presumo de saber inglés. . . .
—Pues entonces, mejor, cállate,—repuso una de las hijas,—y no digas cosas tan horribles.

—¡Mouth!—insinuó uno de los dos jóvenes Nippers.
—Eso no es con efe ni tiene cuatro letras.
—¿Cuatro letras deben ser?
—Sí, cuatro.
—Pues haberlo dicho antes.

Los miembros de la familia entraron en cavilaciones. La señora, que había quedado muy ofendida por su fracaso y por lo mal que se recibió su insinuación lingüística, se abalanzó sobre el diccionario "spanish-english" y, después de consultarlo brevemente, gritó triunfante:

—Ya la tengo: ¡Feet! ¡Feet!

123

Era la palabra. Mr. Nipper, no pudiendo pasar porque se llevara la victoria, en asuntos de idioma shakesperiano, su consorte, manifestó, muy despechado:

—¡Con el diccionario! ¡Eso no tiene gracia!

—Con el diccionario, no, hablador, ¡con las narices! . . . ¿Pues que no tengo olfato para saber de que pie cojeas? El diccionario sólo me sirvió para saber cómo se dice pies en inglés. Para lo demás, mis narices.

Me retiré, decidido a pedir la mano de Nelly Nicanora otro día, en que la atmósfera esté menos cargada de enojos conyugales. . . .

**3 de enero, 1925**

# Drama en La Obscuridad

Una de estas tardes lluviosas e ingratas, en que el gris del horizonte y el gris del mar engrisan el alma, fui a cambiar de color a uno de los teatros más anunciados de la urbe, donde se exhibía una película famosa.

Una linda "usheresa" vestida de paje y con pantalón de seda gualda, me hizo entrar a la sala, que estaba en completa obscuridad.

—Por aquí, exclamó la acomodadora, señalándome la fila en que debía meterme.

Me introduje sin poder ver por donde iba. Cuando creí haber llegado al lugar vacante me senté, y hubo dos gritos simultáneos y sofocados. Uno lo di yo. El otro, una señora. Ella gritó porque me senté en su sombrero nuevo, hecho "at home" al precio de dos dólares; pero que parecía comprado, en rumboso establecimiento, en veinticinco. El grito mío fue arrancado por el dolor. El sombrero llevaba un alfiler muy grande, casi una lanza, parte del cual se me encajó en una posadera.

Me saqué el alfiler, la señora recogió su sombrero y se puso a invocar a los santos de su devoción, empezando por San Abagán, a quien mencionó varias veces, y a San Ababiche, de quien también se acordó.

Por fin renació la calma.

* * *

En un intermedio se hizo la luz, y ya pude ver a la señora piadosa, que era una corpulenta dama con cara de dragón austríaco. Me echó unas miradas terribles, mientras daba mil vueltas al maltrecho sombrero, tratando de que adquiriera su forma primitiva.

Para evitar manifestaciones, me llevé la mano a la posadera herida, lancé varios quejidos, y ella me tuvo lástima.

—¿Se ha picado Ud.?

—Profundamente.

—¡Qué pena! ¿Hasta dónde le penetraría a Ud. el alfiler?

—¡Vaya Ud. a saberlo! Pero muy hondo. ¡Ay!

Al otro lado estaba una joven que no perdió detalle de la escena, quien me dijo en castellano puro:

—Yo lo conozco a Ud. Soy "spanish" de Tenamaxtlán, México. Cómo lamento que se haya picado. . . .

—Más lo lamento yo, señorita, que me encuentro muy incómodo en el asiento.

—Ya le pasará. Estos alfileres de acero repujado no son enconosos. Al llegar a su casa, póngase un parche poroso para que le saque el moho, por si lo tenía el alfiler, y es todo.

—Así lo haré.

* * *

En la pantalla empezaron a desarrollarse las escenas del drama cinematográfico. Cada artista que aparecía era objeto de vivos comentarios de parte de mi vecina "spanish." Parece que esta señorita ha hecho un curso completo, en alguna universidad, de las vidas y milagros de los astros y de las estrellas. Sabe cuántas veces se ha casado cada cual, con quiénes y por qué los ha despachado noramala; quién es la artista de la nariz perfecta, quién la de los brazos flacos. Anuncia qué artistas están próximos a divorciarse y con quién se casarán después; y sabe de qué pie cojean los directores de escena en el arte de las "films."

Me contó la historia de Mary Pickford, de Adela Howard, de Paulina Frederick, de Gloria Swanson, de las Talmadges, de Mabel Norman, de Viola Dana, de Bebe Daniels, de las Gishes, de Pola Negri y de cuánta estrella ha brillado y brilla aún, y también la del Gordo Arbuckle y

126

la del espiritual Chaplin, con las de Fairbanks, Chaney, Novarro, Moreno, Valentino, Lloyd Barrymore, Meighan, Moore, etc., etc., etc. ¡Lo que sabe esa mujer!

De pronto, apareció en la pantalla una escena de intenso amor. El protagonista y la estrella femenina después de hablar muy tiernamente, lo cual se sabe porque así lo dice el letrero que se ve en el telón, se besan apasionadamente.

—¿Qué me dice Ud. de ese beso? Pregunta mi vecina.

No hallo que responderle, y al fin contesto:

—Es un bonito beso.

—¡Oh, no! ¡Le falta fuego! Vea Ud. que beso tan corto y tan frío se dieron. Eso no es beso de amor. Cuando mucho, será de lástima. ¡Un simple chís-chás!"

—Diré a Ud. que no soy perito en besos.

—¿Ud. no ha besado?

Me vi en aprietos para contestar la pregunta. Al fin, respondí:

—Sí; pero no ante una cámara fotográfica.

—¿No le parece a Ud. que los besos de pasión deben ser largos, extremosos, llenos de fuego, palpitantes de entusiasmo, casi desesperados?

—Repito a Ud. que no tengo experiencia.

—Ni yo tengo mucha; pero comprendo lo que ha de ser el desbordamiento de la vida. . . . Sí, el delirio del amor, el arrebato de . . . no sé qué. Fíjese Ud. que los grandes artistas que saben besar, procuran unir los labios estrechamente. Son tan diestros, que besan con la mirada, con las manos, con el gesto, con el ser entero.

—No me he dado cuenta. . . .

—Voy a ponerle un ejemplo. Présteme su mano.

Se la presté. Ella entonces, continuó:

—Así besan los malos artistas. . . . Y puso los labios en mi diestra, muy fríamente, dejándomela llena de saliva. Siguió:

—Los grandes apasionados de la pantalla así besan.

Volvió a tomarme la mano, la comprimió, me clavó las uñas en la muñeca, suspiró, me lamió la palma y el dorso, mordiéndome, además, el dedo gordo. Escupió en seguida. En esos mismos instantes, sentí que sobre mis pies había caído la bóveda del edificio. Un enorme americano, entrando a ciegas como me había pasado a mí, pasó cerca de nosotros para ocupar su asiento, y colocó sus poderosos pies sobre los míos tiernos y delicados. Entonces recordé las invocaciones piadosas de la vecina a quien le apabullé el sombrero, y dije fervorosamente:

—¡San Abagán!

¡Nunca lo hubiese dicho! El americano me tiró un puñetazo que me alcanzó en el hombro izquierdo.

Mi vecina "spanish" de Tenamaxtlán, que todo lo sabe, hizo esta observación:

—Ud. tiene la culpa. Este hombre es obispo protestante y se encorajina cuando le hablan de los santos. Hay que conocer a las gentes.

Cuando volví a casa, llegué con los pies aplanados como con rodillo y con un dolor lacinante en donde me pinchó el alfiler del sombrero.

Además, se me está hinchando el dedo en que me mordió la "spanish."

**23 de mayo, 1925**

# Experto en Changología

Seis profesores de la Universidad de Tennessee han sido despedidos con cajas destempladas por haber dado a conocer, a sus alumnos, las hipótesis sobre la evolución, y muy especialmente por haberse declarado partidarios acérrimos de la teoría de que los hombres descendemos, en rectísima línea, de los cuadrumanos. Parece que los jefes de la institución querían mantener fija en la mente de los alumnos de la Universidad, la idea de que los humanos veníamos a este mundo traídos por una cigüeña, y los profesores expulsados, con sus prédicas, llevaban la malicia a los intelectos juveniles.

Uno de los profesores cesantes es mi amigo, Mr. Chas. Tailless, maestro de Changología. Nadie como él para entender el lenguaje de los monos, conforme a las instrucciones del profesor Garner, y para distinguir a primera vista una orangutana soltera de una gorila viuda.

Y Tailless no es un sabio de carrera. Había sido barbero y la casualidad lo elevó al pináculo de la ciencia. Juntos pudimos haber ido a la gloria científica; pero a mí no me llevó Dios por ese camino. De haber seguido los pasos de mi amigo el rapabarbas, fuera yo tan changólogo como él o más quizá.

\* \* \*

Tailless acostumbraba ir al Parque, donde seguido nos encontrábamos. Entonces no profundizaba en ciencias naturales sino en estrellas de cine. Las conocía, de oídas, al dedillo. Pero se empezó a fijar, cuando visitábamos a los animales, en que un orangután le hacía gestos, lo cual llamó mucho su atención. Un día se escapó el animal, sin saberse cómo ni por dónde, y como era una de las más curiosas especies en cautividad, se ofreció una recompensa de mil dólares a quien capturase vivo al mono.

Mi amigo se puso a estudiar empeñosamente cuanto a los changos se refiere, y una noche estuvo a visitarme, para proponerme que saliéramos en busca del animal perdido, partiendo entre los dos la recompensa, en caso de encontrarlo. Acepté. En su automóvil, un fotingo de andar rápido aunque vacilante, pues aquí hasta los barberos tienen "carro," recorrimos grandes extensiones de tierra, preguntando aquí y allá dónde vivían los changos. Se nos orientó y fuimos a dar a un espeso bosque en que vimos centenares de monos prendidos a los árboles, que al reconocernos, se formaron en pelotones, y, cantando un himno marcial, se alejaron por entre las sombrías alamedas.

Debo advertir a mis lectores que no es esto cuento sino verdad. ¡Palabra! Pues bien, seguimos caminando a través del bosque, que estaba solo ya. De pronto, se interpuso una cerca ante nosotros, que estaba recientemente construída, y en el acto fuimos rodeados por centenares de changos. Mi amigo el barbero, que iba ya en camino de la sabiduría por lo mucho que había leído, me dijo que eran chimpancés de la clase conocida como Simia Pithecus por los naturalistas. Aquel changuerío nos hizo prisioneros y nos condujo a sus dominios.

* * *

No sé qué nombre llevará la población californiana habitada por chimpancés; pero no deja de tener sus adelantos. Los monos viven en chozas fabricadas en los árboles; son pudorosos, pues se visten con hojas de árboles; tienen "parties" a menudo, y hay algo como un gobierno monárquico que rige a la changuería.

Fuimos destinados al museo zoológico, como es de suponerse, donde se nos tenía entre las especies animales más disímbolas capturadas por los changos. Se nos iba a ver desde muy lejos, y se dice que durante nuestra permanencia en el cautiverio, que fue de ocho semanas, vinieron monos turistas hasta del centro de Africa, sólo por admirarnos.

Parece que los cuadrumanos están muy interesados también en el asunto de las teorías evolucionistas, y que alguien les ha contado que los hombres no somos sino monos modificados, pues ante nuestra jaula iban viejos chimpancés a dar clases a sus jóvenes discípulos. Nos hacían gritar; nos daban a comer pajarillos fritos; nos obligaban a bailar "jazz-style," y, sobre todo, nos quitaban las ropas para demostrar que carecíamos absolutamente de cola. Se burlaban de nosotros porque no sabíamos hacer el debido uso de los pies, y creo que aseguraban que en la evolución habíamos perdido, en lugar de ganar algo, dos cualidades exquisitas, el balanceo por medio de la cola y la prehensión pedestre. Puede que tengan razón.

* * *

Llegamos a temer por nuestras vidas. Vino de las cercanías de Alaska una sabia delegación de gorilas salvajes, que propusieron que se nos buscara la cola, agujerándonos donde fuera necesario. Así lo entendió Tailless, que crecía en sabiduría, y que aseguraba comprender el chimpanceco o idioma de los chimpancés, y así lo supuse también yo, por las señas de una piadosa changa a quien desde mi llegada le gusté y que me miraba con singular ternura. Era hija del monarca, ¡Una princesa!

Pudimos darnos cuenta de que al rayar la aurora de cierto día se nos iba a meter cuchillo, por los preparativos que se hacían cerca de nosotros.

Estábamos aterrorizados. Cuando fue a verme la hija del emperador, le hice señas de que metiera las manos por los barrotes de mi encierro y se las besé tiernamente, bañándoselas con lágrimas. Ella se conmovió y empezó a dar unos chillidos horrorosos. Vino el papá, la mamá, varios parientes y la guardia real, y creían que yo había mordido a la changa princesa; pero ella les explicó que me amaba y

131

que no quería que me taladraran impíamente.

* * *

Un acontecimiento inesperado vino a salvarnos. Para asistir a la operación quirúrgica que se nos iba a practicar, llegó otra delegación científica de changos, procedente de Durango. Se encontraron con nuestro automóvil y, en plena sesión, propusieron que, antes de meternos el cuchillo, los enseñáramos a manejar el carro, después de lo cual se podía correr el riesgo de despanzurrarnos. Aquello despertó un entusiasmo loco, a juzgar por los aplausos y la gritería que en el Gran Auditorio armaron los monos.

La princesa, mi novia platónica, me lo contó por señas, y a Tailless se lo dijo, en chimpanceco, uno de nuestros guardianes. Antes de despedirse, la amorosa mona me aconsejó la huida, se arrancó, de jalón, un rizo de la corva, que es el pelo que más aprecian las changas, me lo dio y se alejó llora y llora. . . .

Fuimos llevados donde el automóvil se hallaba, y Tailless tuvo una idea luminosa. Echó a andar el mecanismo y cuando había bastantes humos de gasolina inundó con ellos a la changuería espectadora que, creyendo que eran gases asfixiantes, huyó en desbandada. Partimos a toda velocidad fuera del alcance de los monos, no sin recibir una que otra patada.

Con lo que ya sabía y con lo que aprendió en esta ocasión, mi amigo el ex-barbero se hizo especialista en Changología y profesor, muy famoso, de la materia, en la Universidad. Yo no quise especializar y por eso no soy sabio.

Y es mi amigo Chas. Tailless uno de los profesores despedidos, por su obsesión de que los changos y nosotros somos iguales.

6 de junio, 1925

132

# ¡En Busca de Guajolotes!

¡Thanksgiving! En las cocinas tocan a gloria y en los corrales a degollina. No hay quien no añada a la diaria alimentación el suculento pavo, y se necesita ser un cursi o un hombre de mala crianza para no hacer figurar en el menú hogareño el consabido "turkey" con sus aditamentos y reformas culinarios.

Toda familia "comme il faut" tiene que sentar a su mesa a dos o tres convidados que vayan a gustar las delicias de un sabroso pavo al horno, rociado, si el tiempo, la bolsa y la prohibición lo permiten, con un vaso de tinto extraído de los zapatos de desecho o con un trago de vino del Rhin hecho en el garage de la casa, con gasolina tri-destilada.

Este año las cosas se me complicaron hasta lo inaccesible. Convengo en que la institución del Thanksgiving Day es una cosa muy hermosa: en que hay que dar gracias a Dios por los beneficios recibidos durante el año que se marcha y aún en que toma cierto tinte poético y patriarcal eso de seguir tan recomendable práctica en la época misma en que los peregrinos que fundaron esta gran nacionalidad lo hicieron. En lo que no estoy conforme, es en que el espíritu de imitación llegue hasta a querer comer lo mismo que en ese día los "forefathers" comieron, que fue pavo. No es justo. Cuenta la historia, aunque quizá sea una calumnia, que los pavos que comieron los antepasados fueron mal habidos, unos guajolotes del campo que se robaron los primeros pobladores de los U.S.A. Como quiera que sea, seguro estoy que no se pagó a 60 centavos, como ahora han cobrado, la libra de cócono yacente, y que el high cost of living y el high cost of loving no alcanzaban entonces las alturas de nuestra época.

En resumen: el Thanksgiving o Cócono Day, me cogió sin un centavo en el bolsillo ni en las instituciones bancarias, y sin crédito bastante a la vista en alguna pajarería.

* * *

Mi situación no podía ser más aflictiva. Como familia bien, había invitados en casa, y no era posible despacharlos a la suya, dándoles pierna de buey en lugar de pechuga de guajolote.

En Consejo de Ministros; es decir, en reunión de familia, se discutió el punto y hubo muchas proposiciones. La más favorecida era la de que un "tonchi" que pululaba por el vecindario y se introducía, a veces, a mi domicilio, fuese sacrificado, puesto al horno y arreglado de manera que pareciera en el blanco platón, un cócono de verdad. No se llegó a un final acuerdo porque es uno de los fraudes más en boga, y suele suceder que los gatos saquen las uñas a la hora de ser servidos, poniendo en vergüenza al anfitrión.

Después de mucho pensar y hasta de proyectar una excursión nocturna capturadora a los corrales circunvecinos, se acordó, al fin, que fuera sacrificado un perico de gran tamaño que constituía uno de los encantos del hogar y cuya parla asombrosa abundaba en improperios y malas razones, pues el tal loro creció y vivió entre gente trashumante.

El ave verde oía nuestra conversación seria y callada, hasta que hubo un momento en que, por efecto de la casualidad o por que algo malició, nos gritó desde la erecta estaca:

—¡Muelan a su madre! ¡A la suya! ¡A la suya!

Aquella falta de respeto atrajo nuestras iras, y se decidió la ejecución inmediata del pajarraco, sin farsas de consejos de guerra ni nada de eso.

La cocinera, blandiendo el chafarote más grande del arsenal quirúrgico-culinario, se dirigió al loro, pretendiendo cogerlo por el pescuezo. El perico brincó por una ventana, chillando horriblemente, y gritando, con toda la fuerza de sus pulmones periquinos:

—Help! Help! Help!

Se alborotaron gallos, gallinas, cóconos y demás aves de los corrales colindantes; se asomaron a puertas y ventanas viejos y mozos, y como el perico seguía gritando y la cocinera dando estocadas al viento con el cuchillón, no faltó persona noble y compasiva que hablara a la policía, anunciándole que en mi humilde hogar se había cometido o se iba a cometer un crimen atroz, sangriento y detestable.

Cuando llegaron los gendarmes, se les explicó el asunto; pero ellos deseaban ver al perico, tal vez para interrogarlo, y lo hicieron traer.

Muy descortés estuvo el loro con los agentes del orden, mentándoles la mamá en inglés y en español y diciéndoles otras muchas groserías en distintos idiomas.

Uno de los policemen aseguró que el pajarraco era cierto loro que se había perdido a Mrs. Badbird de su pajarería y se le mandó llamar a que reivindicara su propiedad, lo que hizo fácilmente, mostrando a los presentes una enorme calilla que extrajo al animal, con el nombre y dirección de su establecimiento. Pude salvarme de la cárcel mostrando el recibo de venta del sujeto a quien compré el perico; pero el siguiente día todos los periódicos publicaron, dando santo y seña, la historia de la frustrada comida de perico apavado.

\* \* \*

Mis invitados se presentaron puntuales, el jueves, a la hora de comer, trayendo como contingente para el banquete algunas golosinas.

—Sabedores, dijo una invitada, de los trastornos que han tenido en su cena, hemos acordado traer nosotros el pavo, y aquí tienen ustedes un excelente pastel de turkey.

Comimos; pero alguien descubrió que aquello no era pavo ni pollo siguiera.

—Es, dijo la misma señora, que, con el regalo, hemos querido dar a ustedes una provechosa clase de cocina. Para

135

una emergencia, no ocurran ustedes a lo raro y extraordinario. Echen mano de las ratas, que abundan donde quiera, que son my sabrosas y que se dejan matar sin escándalos.

Nos comimos el manjar sin novedad inmediata ni posterior.

* * *

Ahora, la Sociedad Protectora de Animales nos ha notificado que estamos multados en $20.—Diez por maltrato al perico y $10 por haber matado a las ratas.

Me hubiera salido más barato pagar el guajolote a 60 centavos la libra, y a 15 años plazo.

**28 de noviembre, 1925**

# Siempre Me Quedo

Después de largos días de penoso silencio, mi comadre Agapita, de Mexico City, me ha disparado la misiva que en seguida copio, la cual juzgo de gran interés, dados los informes emocionantes que contiene:

"Compadre George:

No le había escrito por temor al trompito. El trompito es una peste que se ha soltado por acá. Van las gentes muy tranquilas por la calle o están quietas en su casa, y de repente se sueltan bailando, dando muchas vueltas, escupen sangre y caen muertas. Dicen que esto del trompito salió de la Penitenciaría, donde ponen a los revoltosos bravos, en unos cuartos o calabozos muy fríos y muy húmedos. Se les echan a perder los pulmones y les viene, cuando salen a la calle, el baile y el vómito de sangre. Hay, además, otro trompito: el trompito chillador. Eso les da a los políticos muy peligrosos. Los llevan al panteón con una escolta; les disparan balazos a los pies hasta que bailan un rato, y luego los colocan delante de un paredón y les hacen fuego. También echan mucha sangre, pero por las heridas.

Hay otra epidemia más, que tiene distintos nombres: el trompazo, el sonorazo, el camarazo, etc. Esta sólo les da a los gobernadores y a los "altos funcionarios" cuando están para caerse del mecate.

De ese padecimiento han muerto, para la política, los gobernadores de Nuevo León, San Luis Potosí, Nayarit,

Oaxaca, Aguascalientes y Tabasco, y presentan síntomas graves los de Jalisco y Colima.

El mal se desarrolla así: la legislatura local, de acuerdo con los "altos poderes" de la nación, desafora o desafuera al Gobernador o lo que es lo mismo, le deja de fuera todo lo malo que tiene, y luego lo corren, nombrándole un sustituto. Para que la cosa resulte, los jefes de operaciones y las fuerzas federales intervienen en la treta.

El caso es que con el trompito y el trompazo estamos más fundidos que antes.

* * *

Supongo, compadre George, que la semana pasada le habrán zumbado mucho los oídos, pues en una cena que tuvimos, aquí en casa, para arreglar las posadas, se habló mucho de usted. Mucho bien y poco mal.

Paco Ordeñana, que es ahora regidor y tiene mucha influencia, dijo que había sabido que iba Ud. a regresar al país con un buen "güeso," para prestar sus servicios cerca del Primer Mandatario. El Senador Perpetuo que se las da de muy bien informado y que no gusta que le ganen las noticias, manifestó que iba Ud. a venir como Jefe del Departamento de Aviación. Los otros opinaron como Ud. va a ver en seguida:

Diputado Apreturas (muy revolucionario).—No me extraña eso. Un reaccionario más que se cuela en nuestras filas, debido a la tolerancia necia de los que están en el poder y que han mancillado su revolucionarismo. Puedo probar que Ulica fue un rorifeo de la Dictadura; sirvió en las filas realistas contra Hidalgo; en las intervencionistas, a las órdenes de la Emperatriz Carlota; fue Ministro de la Dictadura; no comulgó con los ideales del Apóstol Madero y cuando el Delahuertismo anduvo metiendo armas y parque de los Estados Unidos. En lugar de un Ministerio deben darle una descarga cerrada, al desembarcar.

Pepa Osorio (aquélla, compadre, que fue su novia).—El señor Apreturas no sabe lo que dice. Conozco a Ulica desde joven. Cuando Hidalgo y cuando la emperatriz no había nacido; cuando la Dictadura Porfiriana apenas llegó a diputadillo de a ciento ciencuenta pesos, sin gratificaciones ni uñas listas, y si metió armas y parque, hace poco, bien pueden haber sido para Obregón, que fue él que las adquirió en los Estados Unidos.

El Coronel Prudencio.—De cualquier manera, cada reaccionario que se mete es uno o dos revolucionarios que salimos y eso no puede continuar. La Liga de Revolucionarios Refolufantes debe protestar contra el regreso de todos los "reaicinarios" que se nos ha metido, y sobre todo, contra eso de que los pongan cerca del Primer Mandatario.

Varias voces.—Sí, claro. ¿Semos o no semos? ¿Entonces pa' que peleamos, hijos de la mañana? Si se nos desoye, nos levantamos. . . .

El Coronel Prudencio.—Colegas, las paredes oyen. Cuidado con el trompito chillador.

Hubo un levantamiento general, pues cada uno dejó su asiento y se marchó a su casa. La conversación fue tomada por la taquígrafa de mi compadre el General, y dice que si hay algún error se debe a que ese condenado de mi compadre le estaba sobando las piernas, cuando ella escribía, desde el tobillo hasta la cadera. Lo felicito, pues, compadre George, porque va a venirse, muy cerca del Primer Mandatario de Ministro. No se haga orgulloso ni argulloso cuando esté arriba. Recuerde que soy yo la que le doy la buena nueva. Su comadre que ahora lo estima más que antes, Agapita Jarauta."

Tan infausta nueva necesitaba una pronta respuesta y contesté asi:

"Querida Comadre Agapita:

Creo que eso de mi vuelta es vacilada. No sé volar ni soy volado. Nadie me ha llamado ni nadie me llamará, y en cuanto a mí, no pienso ir ni de Primer Mandatario donde los cuartelazos, los trompitos y los sonorazos andan al trote. De Primer Mandatario sólo iría siempre que se me diera el mando supremo, absoluto de todos los yaquis irredentes y el de los pocos que se han redimido en los altos puestos públicos. Aún así, quizá no estaría exento de un camarazo o cuartelazo sonoro, y aquí estoy libre de eso y de los trompitos, especialmente del chillador. Puede Ud.,

139

comadre, decir a sus amigos, que no protesten por mi vuelta ni se levanten. Los acuestan. Me quedo."

Y en efecto, afirmo y juro que, como se lo escribo a mi comadre, mientras haya epidemias mortíferas en el ambiente, ni de Primer Mandatario regreso a mis lares. Prefiero que me coman los gusanos californianos en las oscuridades de la tumba ultrahelada a que me devoren los zopilotes nacionales, con picos tricolores, en mitad del arroyo.

19 de diciembre, 1925

140

# Una Grave Cuestión Internacional

Ahora que la Liga de las Naciones está funcionando tan lindamente, es bueno que se ocupe de un asunto de la mayor importancia para los países que no tienen buques de guerra, ni aviones vomita-fuego: la justipreciación de la vida humana.

En estos momentos en que los mexicanos estamos arreglando cuentas con los Estados Unidos, Tío Sam nos cobra un montón de millones de dólares dizque por los americanos que se han retirado con motivo de nuestra inquietud revolucionaria y mediante unos orificios enormes por donde entraron y salieron mortíferas balas.

No pretendo sentar fama de diplomático ni, mucho menos, quitar el hueso al Secretario de Relaciones o a "nuestro" Embajador en Washington; pero si fuera yo un miembro de la cancillería me negaba terminantemente a pagar los primos cadaverizados a precios tan exhorbitantes, por las razones que voy a exponer y que pueden servir de base a un morrocotudo estudio diplomático, útil a todos los gobiernos que nos cobran por sus ciudadanos yacentes.

\* \* \*

Como antecedente histórico debo hacer notar que cuando, mediante los tratados de Guadalupe, se vendió, a la viva fuerza, a los Estados Unidos, una buena parte de la porción territorial mexicana, se nos dieron, por todo, unos veinticinco milloncejos. Descontado el valor de los terrenos, el de los edificios, el de las minas y yacimientos petroleros y el de los ganados y animales irracionales, los humanos que eran bastantes, le salieron casi de balde a Tío Sam, o a unos cuantos centavos a lo sumo. Lo mismo occurrió con la compra de Florida, con la de Alaska, con la anexión de Puerto Rico y con todas las adquisiciones territoriales americanas. Podemos demostrar que nunca ha pagado Tío Sam más de una peseta, 25 centavos, por un ser humano, de los muchos que ha comprado por bien o a la fuerza, con motivo de la expansión territorial de este país. Ahora bien, cuando el vulnerable pariente nuestro trata de cobrar por sus ciudadanos, pretende convertir cada centavo de "mexican brass coin" en cinco mil dólares, "american gold coin." ¡Eso no es justicia! Adquirir ciudadanos a peseta y venderlos a muchos miles de dólares. . . .

Por otra parte, no hay uniformidad en el precio de los sujetos que han pasado a mejor vida durante la bola. Justo y propio sería fijar un precio equitativo y uniforme a los extranjeros, para pagarlos a todos por igual, y no andar con diferencias internacionales, que son tan odiosas como indebidas. Hay que fijar un precio general a los extranjeros, a fin de que sean pagados conforme a la misma tarifa, sean rusos o chinos, japoneses o alemanes, franceses o belgas, africanos o sirio-libaneses. En esto ha habido, hasta ahora, una desigualdad notoria. A los chinos que mató Villa en Torreón, nos los cobraron, y los pagamos, a sesenta centavos cabeza; a España nunca le hemos pagado más de siete pesetas por cada íbero que han despanzurrado nuestros gloriosos generales; a Italia seis liras; con Francia salimos a mano por los "gabachos" que murieron en los años del 62 al 67; los ingleses nos han sacado dinero por muchos capítulos; pero no por el de los súbditos cadaverizados de S.M. Británica, y diferentes naciones han tenido la cortesía de no hacer ni mención de sus nacionales que han petateado en nuestros rifi-rrafes revolucionarios. Por eso nos duele que los Estados Unidos quieran cobrar $100,000 oro americano por cada uno de sus connacionales, como en el caso de los ciudadanos víctimas de Villa.

Según mi humilde saber y entender, y soy un águila en cuestiones internacionales, a lo más que el Tío Sam tendría derecho sería a cobrar el premio correspondiente a la situación de fondos; es decir, si él, en 1847, compró mexicanos a peseta vil, nosotros no podemos ni debemos pagar americanos a más de un tostón por cabeza, háyalos matado Villa o el "Supremo Gobierno." Tal debe ser la doctrina internacional que me atrevo a proponer, con el nombre de Doctrina Ulica.

* * *

Todavía debo hacer una consideracion más. Bien puede ser que los americanos porque nos cobran no sean químicamente puros, sino mezcladitos. Ese Strauss nos huele a alemán. ¿Cómo ha de ser justo pagar el mismo precio por los americanos al 100% que por los media sangre o a los extranjeros que se americanizaron provisionalmente para el solo efecto de sacar dinero a México?

No podemos convenir en pagar lo mismo por un pocho dientón y horrendo que por una americana bella y graciosa; por un filipino tonto y desgarbado o por un negro feroz que por una linda portorriqueña.

Es tiempo, pues, de que la Liga de las Naciones fije la tarifa de occiceados por nuestros bravos hombres de armas, para no hacer injusticias en lo futuro. Tan humanos son los chinos como los estadounidenses y no encontramos razón ni motivo para que un mongol valga sesenta centavos, menos que un guajolote, y un inglés 5,000 libras esterlinas, lo mismo que una piara de camellos o un rebaño de elefantes.

¡Hay que estar alerta, señores internacionalistas! ¡Justicia y Equidad!

**26 de febrero, 1926**

143

# Arriba Las Faldas

La Reina María, de Rumania, en un "Speech" que soltó en San Louis, Mo. ante las agrupaciones de señoras de esa ciudad, dijo y sostuvo que la mujer más feliz del mundo es la americana, porque hace su voluntad, sin sujetarse a nada ni a nadie.

Eso mismo se ha venido diciendo desde hace mucho tiempo, y hasta El Cuchara, un individuo que era cochero en Ojinaga, después general revolucionario y ahora ayudante de restaurant, me lo dijo en cierta ocasión.

—Mire Ud., manifestóme, en este país las mujeres hacen lo que les da su real gana. La mía, que era tan obediente, tan fiel y mosquita muerta en Ojinaga, aquí se ha vuelto "de cohetería," no me hace caso, se encierra con sus amigos a jugar "bridge" y no sé que cosas más, y, cuando le reclamo, me "echa de la mamá." En mi tierra, podía haberle tumbado los dientes a manazos; pero aquí, si hace uno eso, lo cuelgan en San Cuintín, como le dicen a la cárcel.

* * *

Tienen razón su Majestad María y su Insignificancia el Cuchara. Aquí, quien lleva los calzones es la mujer; aunque mejor dicho, aquí no se usa llevar calzones; al hombre, se los ha quitado la mujer; a la mujer, se los ha quitado la moda.

En Europa, en los otros continentes, y en los demás países de la tierra, es el hombre quien, después de la colación nocturna, va de picos pardos y regresa al santo hogar cuando la aurora despunta, hablándole él, en hebreo o en ebrio, y con los inconfundibles signos de la parranda.

Si la dulce esposa es buena y consecuente, se hace la dormida y espera que el desordenado esposo se meta en la cama, para arañarlo con los garfios de los pies, como por casualidad. Si es retobada, la dicha esposa, se concreta a insultar a su adorado cónyugue, mentándole hasta la cuarta generación en la línea ascendiente directa.

En este país, las cosas andan de otro modo. Es la esposa, el ángel del hogar, la que, al terminar la cena, noche por noche, dice a su esposo:

—Hijito, voy al cine; lava los platos, acuesta a los niños y dale un limpión al W.C. Después, si tú quieres, te acuestas.

Va luego, la gentil consorte, al garage, por el auto, pues aquí son "drivers" todas las mujeres, se dirige, en el vehículo, hasta la casa del amigo predilecto, hace sonar el "claxon," y, cuando el amigo aparece, radiante de júbilo, trepa al auto, y ella y el amigo se marchan, en raid, por playas y parque, aspirando las brisas de la noche y rompiendo, con las enllantadas ruedas de la máquina, ramazones secas y, a veces, huesos de algún transeúnte descuidado. Las damas regresan a su casa hablando, también, en hebreo, pues es idioma que se ha generalizado mucho en todos los círculos sociales, desde que la prohibición ha estimulado el apetito por estudiar las lenguas muertas.

El marido, que, cumpliendo con las órdenes de su mitad, ha lavado platos, acostado a la pipiolera y ha hecho el aseo del W.C., al contemplar a su esposa vacilante y locuaz, la dice:

—Válgame, Rufina, ¿por qué vienes tan tarde, y en ese estado?

—Ya te he dicho, Castro, que ésos no son tus business. Y es primera amonestación.

—Traes el traje quemado con un puro, ¿qué es eso?

—No te importa, no te metas conmigo. Van dos.

—Rufinita, aquí en el mero hipocondrio traes un morete, como de pellizco, ¿qué pasa?

—Ya me cansaste; toma, por suspicaz, dice Rufina, y le acaba en la cholla, al marido, todo un juego de candelabros de bronce, hasta que lo ve roncando.

Muchas son las Rufinas que hay en estas tierras y en estos climas.

\* \* \*

Por supuesto que S.M. María y Su Insignificancia el Cuchara, no han dicho sino la mitad de lo que acontece.

Las mujeres americanas son las más felices del orbe terráqueo, no sólo porque hacen lo que quieren sino porque sus maridos sólo hacen también, la voluntad de ellas. Se han trocado los papeles, completamente. Aquí, el esposo duerme a los niños, los cambia de pañales, y los saca a paseo; lava la losa, tiende la ropa, va de compras con los chinos y al mercado: barre la casa, cambia sábanas, mata las pulgas y lava y aplancha. De seguir así, no será raro que por métodos perfeccionados, tenga los hijos y los críe.

Cuando eso suceda, ni en la gloria van a estar mejor las mujeres; pero, en cambio, nosotros, los del sexo feo, vamos a esperar con ansia ir al infierno, lo que será pasar a mejor vida, de cualquier manera.

**20 de noviembre, 1926**

# ¡Así Se Escribe Nuestra Historia!

The "Big Trading Friendship Club" dio un luncheon en sus salones del Telegraph Hill, hace pocos días, y fuimos invitados a él varios "mexicans" de los más célebres y celebrados, pues se trataba, nada menos, que de ir a escuchar a diversos oradores, que, después de haber estado del otro lado del Bravo, regresaron a este lado, cargados de preciosímos datos sobre México. En el comedor del club nos reunimos como ochenta comensales y comenzamos a comer. Entre hombres de negocios no se pierde el tiempo. Entre bocado y bocado se vende y se compra cuanto puede ser objeto de una transacción, y hay veces que con un pedazo de enchilada en la boca o una pierna de gallina en la mano se cierra un trato en que se versan tres o cuatro mil millones de dólares.

No es extraño, pues, que en nuestro luncheon los discursos empezaron con la primera cucharada de sopa. El toastmaster nos hizo saber que Mrs. Dennis Trouble, Profesora de Ciencias naturales, en varios colegios, nos iba a hablar sobre la fauna mexicana.

Mrs. Trouble se puso en pie, y tras el acostumbrado "Mr. Chairman, Ladies and Gentlemen," nos habló de los muchos animales que hay en México. Sólo pude dar dos cucharadas de sopa, porque la oradora dijo cosas que jamás había llegado a mi conocimiento y que me llamaron poderosamente la atención.

Afirmó que nuestros inmensos e inexplorados bosques están poblados de la mayor parte de los mamíferos conocidos: leones, tigres, jaguares, hipopótamos, rinocerontes, camellos, elefantes de mar y de tierra, jirafas peludas y pelonas, chivos que parecen dromedarios y zorrillos que parecen chivos, etc., etc. En cuanto a reptiles, citó cocodrilos de 24 pies, boas tan gordas como un toro suizo, y largartos domésticos que tienen la cabeza en la azotea de un edificio y la cola enredada en un árbol del bosque lejano, a un cuarto de milla. En ese mismo tono, se refirió a las aves, y en cuanto a los peces, hizo saber que sólo en aguas de los mares mexicanos existen las sirenas legítimas, que tiene medio cuerpo de mujer y el otro medio de bagre.

Terminó su speech con lágrimas en los ojos, refiriéndonos cómo había perdido a su marido en esa expedición científica por los inexplorados bosques mexicanos. Primero, el pobre hombre fue atacado por un leopardo, y se escapó; días después, una hiena se lo quería comer, pero la brava Mrs. Trouble mató a la fiera de un certero escopetazo; en otra ocasión, una boa gigantesca le había echado el ojo para devorarlo, y él se trepó a un árbol de donde no pudo arrancarlo el feroz ofidio. Pero una china poblana, dice la oradora, arremetió contra el Sr. Trouble, con sus ojos fascinadores, y se lo arrebató para siempre.

Un americano que se hallaba cerca de mí me interrogó sobre la clase de animal que es la china poblana, a lo que respondí que es una especie casi extinguida en México y que sólo en los Estados Unidos se la ve frecuentemente en fiestas y saraos "spanish."

La oradora fue muy celebrada por sus conocimientos técnicos en materia tan ardua.

\* \* \*

A Mrs. Trouble sucedió, en el uso de la palabra, Miss Goodlooking, una rubita delicada y espiritual, romántica y con ojos soñadores. Nos habló del amor en México.

Afirmó que no hay idilios más lindos que los mexicanos y pintó así las costumbres de los novios allendebravinos:

"En las noches de luna, el enamorado doncel, llevando una lira, un arpa, una cítara, una guitarra, un violín, un contrabajo o una pianola, pulsa el instrumento melódico y deja que se desgranen los torrentes de melodías. Si previamente ha sido aceptado por la bella mexicana y por sus padres, sale la niña al balcón rodeado de flores, y entona a duo con el galán ora 'La Princesita' ora 'La Golondrina' ora 'La Cucaracha,' haciendo coro, desde sus camas, los miembros de la familia de la novia."

"Pero si el pretendiente es rechazado por la linda mexicana o por su familia, la ojival ventana permanece cerrada por largo rato. Los moradores de la casa aguantan 'La Princesita' y 'La Golondrina'; pero a la hora de 'La Cucaracha' o del 'El Guango,' la mano materna o paterna asoma, por cualquier agujero, armada de rebosante taza de noche, y le tira con ella al atrevido que va a inportunar a una honrada familia, con voces y con arpegios."

"¡Que maravillosa poesía hay en todo eso!"—exclamó la gentil orador.

Mi compañero de al lado me interrogó sobre qué era eso de la taza de noche, y como estábamos con el bocado en la boca ofrecí enviarle la respuesta por correo.

* * *

El orador final fue Mr. W. H. Footless, ferrocarrilero prominente que era agregado técnico a varias columnas expedicionarias durante los días de revoluciones ya idos.

Mr. Footless manifestó que en ninguna parte del mundo se había simplificado tanto el servicio ferrocarrilero como en México, donde durante catorce años de pelea se había llegado a la democracia y a la eficiencia más completas en materia de trasportes. "Y eso—agregó—a mí se debe."

"Ahí—dijo el orador,—cuando no hay sino carros de ganado para conducir a los hombres que forman una columna, se les mete en las jaulas; y cuando hay necesidad de trasportar caballos y no se tiene sino pullmans, los rocinantes van en los carros dormitorios con todo comfort, ocupando el gabinete la cabalgadura del general en jefe que va relinchando de gusto por todo el camino.

"Los terrenos son tan parejos,—siguió diciendo,—que muchos trenes, para perseguir al enemigo, abandonan los rieles y siguen por las carreteras sin grandes dificultades y a veces cruzan los ríos sin necesidad de puentes, navegando a

151

todo vapor entre las turbulentas aguas."

—Parece que este señor nos está exagerando un poco,—díjome mi compañero de mesa.

—Creo,—respondí,—que lo mismo han hecho quienes le han precedido en el uso de la palabra.

En ese momento llegaban los meseros con un platillo exquisito, diciendo a los circunstantes, en voz baja:

—¡Papas! ¡Papas! ¡Papas!

Parece que el orador se dio por aludido, y cortó de golpe su perorata.

Seguidamente, el toastmaster anunció que se iban a exhibir algunas vistas cinematográficas mexicanas, y se nos mostró una calle desierta, dizque de Veracruz, que ya se había enseñado como de Constantinopla en el "Turkey Day"; una fiesta infantil en Mexicali, donde sólo había negritos trompudos con taparrabos; un desfile militar en que los soldados andaban con turbantes, sin camisa y unos pocos con sólo guaraches y cananas; la calle comercial de no sé que pueblo fronterizo, en que sólo se veía a chinos agobiados de tristeza; una orquesta típica mexicana formada de tambor, ukelele y triángulo; una pelea de gallos en que los contendientes tenían aspecto de avestruces; y una corrida de toros, dizque dada por el gran Gaona, en la cual el Califa aparece vestido con pantalón largo, faja colgante, charreteras militares y sombrero de anchísimas alas. El toro presentaba señales inequívocas de que era falsificado.

Se acabó la reunión, y mientras la orquesta ejecutaba el "Cielito Lindo" los concurrentes se mostraban satisfechos de haber visto a México, a través de las palabras de los oradores y en la pantalla, de una manera perfecta. . . .

Por eso así se escribe nuestra historia en estas latitudes. . . .

**29 de marzo, 1924**

# Do You Speak Pocho . . . ?

El pocho se está extendiendo de una manera alarmante. Me refiero al dialecto que hablan muchos de los "spanish" que vienen a California y que es un revoltijo, cada día más enredado, de palabras españolas, vocablos ingleses, expresiones populares y terrible "slang."

De seguir las cosas así, va a ser necesario fundar una Academia y publicar un diccionario español-pocho, a fin de entendernos con los nuestros. Hasta las fieles y dulces esposas, si están malas, dicen a sus maridos, hechas un veneno, cuando quieren arrojarlos noramala:

—Vete inmediatamente, "geraut."

Y luego, muy satisfechas, cuentan a sus amigas:

—Le di "leirof" a Justiniano porque no quiere salir de los "dances." Se ha hecho muy "exclusivo" y voy a darle también su divorcio. El Juez es muy amigo mío y lo obligará a que me pague un buen "alimioni." Para que se le quite lo "rug."

Eso, que entre pochos lo entiende cualquiera, necesita intérprete tratándose de otro género de ciudadanos.

* * *

Entre las personas que me honran con su amistad hay una, doña Eulalia, viuda de Pellejón, que en unos cuantos meses de haberse venido de México habla perfectamente el pocho y se ha asimilado más palabras del habla californiana que las que conocía del dulce, hermoso y melifluo parlar de Cervantes.

He recibido una carta suya, cuyo texto copio para regocijo y satisfacción de los lingüistas afectos a estudiar los idiomas raros:

Sr. D. Jorge Ulica, "City." Caballero:

Fui hoy al "posofis" a comprar unas "estampas" y tuve "chanza" de recibir una carta de una hija mía casada que tengo en Piscapochán, de donde soy "nativa." Me ha dado mucha "irritación" saber que el "tícher" de inglés de mis nietos es enteramente "crezi," pues no entiende ni una palabra de lo que yo escribo en "english." Figúrese que envié a mi hija "lob y quises," así muy clarito, y el condenado "tícher" dijo que no sabía qué era eso, cuando le enseñaron la carta. Ya les "reporté" que estaban pagando el "money por nada" y hasta quise ponerles un "guiarelés" para evitar que les estén quitando peso y medio por "hafanáur" de clase; pero no traía ni "un cinco" en la bolsa. ¡No saber que "lob" y "quises" es amor y besos!

Eso no importa. Lo que yo quiero es que Ud. me diga qué puedo hacer con la "lanled" del "bordo" donde vivo, que después de rentarme un "jausquipinrrun," no quiere ni que caliente "guor" porque dice que le "esmoqueo" la "parlor." Ayer, a la hora de "bricfast," iba a guisar "jamanegs," y se levantó de cama furiosa, en "blummers" y "bibidí," amenazándome con llamar por el "telefón" al "patrol" para que me llevaran a la "yeil." No quise decirle nada a mi compadre Goyo cuando volvió de la "canería," en donde es "boss," para no "levantar el infierno"; pero si estas cosas no "vienen a un stop," va a haber "jel." No puedo seguir comiendo únicamente "jatdogs," "cofi an donas" y "aiscrim," a riesgo de coger una maladía. A veces tengo que ir, casi en ayunas, "al otro lado de la bahía," y si no fuera porque "en donde don Taun" tomo unos sandwiches de "bicon" y otros de "chis," me moría.

Quiero, por eso, que venga a verme. Arreglaremos ese "bisnes" y el de la "aplicación" que tengo que hacer para que "agarren" a mi compadre "los hombres colorados" que les dicen "redmen," porque "dan muchos beneficios" y ahora tienen "abierto los libros" por un mes. Allí no hay "vaporinos" ni "rugnees." Si quiere le mandaré mi "aromovil." No será un coche "jaitono"; pero sí una "machina" fuerte para cualquier "raid." Si viene, le prometo llevarlo después a las "muvis," no a los "niquelorios" ni a los de a "daim" sino a los de "don Taun," a alguna "pícchur" de las que hablan mucho en los "papeles." Le enseñaré después mi "redio" para que oiga tocar ese "fox" tan bonito que se llama de la "reina Mora," a los "musicianos" de la "Lyasband" que toca en el "lobi" del "palas." Es muy "quint." Al fin de la pieza, todos ellos cantan "reina mora, reina mora." "Lob and quises for yu olso."

Eulalia vda. de Pellejón.

* * *

La Sra. Pellejón me ha enviado, esta otra misiva:

"Le mando ésta por 'espécial de liver.' Quiero 'reportarle' que voy a cambiar mi 'second neim' que no suena 'very güel' por su 'translécion' en 'ingles.' En vez de Pellejón voy a 'nominarme' Skinejón, que es casi 'di seim.' Así, mi difunto, a quien Dios tenga en el 'jiven,' no cogerá 'truble' ni se pondrá 'yelous.'

"Eulalia Skinejon."

Como lo iba diciendo, el pocho avanza a pasos agigantados. Y una de dos: o se escribe un extenso vocabulario de pocherías por connotados académicos de esa lengua o se abre una academia de idioma pocho para los profanos.

Seré uno de los alumnos más aplicados. ¡Y en seguida irá mi "aplicacion!"

**11 de octubre, 1924**

# Los "Parladores de 'Spanish' "

Con motivo de tantas y tan anunciadas "academias," "clases," e institutos donde se enseña el "spanish," nos han salido más parladores de la lengua cervantina que pulgas hay en los cinematógrafos "first class." Es un "spanish" sui géneris aprendido al vapor en veinte clases por tres pesos, y perfeccionado en el fonógrafo, oyendo a Abrego y Picacho y a otros "clásicos" como ésos.

Cuando uno oye hablar a los genios graduados en cualquier "Universidad" barata, se duele de todo corazón de no ser el jefe de un automóvil gendarmeril para cargar con maestros y discípulos a una estación de policía y para hacer que se les impusiera a maestros y alumnos, a aquéllos por sinvergüenzas y a éstos por melolengos, treinta días de arresto.

Los parladores de "spanish" se sienten orgullosos con mostrar unos papelotes descomunales, exornados con sellos en oro y rojo, en los que consta que han concluído brillantemente el curso de español, que lo poseen, más o menos, como Castelar, y que son capaces de traducir al habla castellana hasta los pensamientos inexpresados de Roosevelt.

Y cada discípulo, cada graduado de ésos es una amenaza para cualquiera que de veras parla la lengua de Nuñez de Arce, sujeto con quien no me ligan ningunos lazos de parentezco, lo cual hago constar para que no se crea que lo cito por ser de la familia y que soy de los que presumen de "grandes" y de que le hablan de tú a Calvin, al Kromprinz y a Poncho XIII.

Por qué esos "graduados" son una amenaza y una verdadera calamidad, lo verá enseguida el público lector.

* * *

A unos de los establecimientos de mayores vuelos y de más campanillas de los que hay en esta ciudad de San Francisco se presentan unas lindas pollas "de la Raza," en busca de zapatos.

Las ve venir un dependiente entradito en años, aunque solterón, y se dispara hacia ellas como una flecha.

—¿Qué desean Uds.? les pregunta en el idioma de Shakespeare.

—Shoes . . .

—All right!

El dependiente trae los zapatos. Las pollas, que no hablan mucho inglés, y el dependiente, que no conoce nada de español, acaban por no entenderse y entonces se recurre al intérprete, un diplomado de la Academia "Early" que hizo un brillantísimo curso de español en siete semanas.

El almacén se pone en movimiento para hacer venir a Mr. Corncutter, el perito en lengua castellana . . . Mr. Corncutter por aquí, Mr. Corncutter por allá y Mr. Corncutter por todos lados. . . . Al fin Mr. Corncutter hace su entrada triunfal, entre la admiración del personal de los mostradores.

—Spanish people, le dicen.

Y él, con aire de conquistador, responde.

—All right! En seguida empieza su conversación.

—Mí piensa ostedes querriendo zapetas. . . .

—Las pollas se ven y se ponen coloradas. . . .

—Zapatos, señor.

—Mí dice eso también, zapetos.

—Sí, del número 4.

—Eso no posiblemente. Muy puquito nómero . . . Estire tú sus patas.

Algo amoscada, nuestra paisanita enseña el brevísimo pie, de cuyo tamaño diminuto quedó asombrado el míster.

—¿No teniendo osté "erradura?"

—¿Comó herradura? Si no soy caballo. . . .

—O mí quiere decier "mistake." Tú teniendo patas chicas, envolvidas con mocha carne como los porcos gordos, bonitos. . . .

—¡Grosero! dijo la aludida.

—Remeco, exclamó la que la acompañaba.

Y ambas salieron del almacén, dejando azorados al "graduado" y a sus compañeros de oficina.

\* \* \*

Alguno de esos graduados tuvo novia mexicana para ejercitarse en el spanish, y como quería menudear mucho los besos a fin de beber el idioma a flor de labio, la chica se fastidió, y lo mandó noramala.

El doncel le envió esta misiva, que previamente corrigió el profesor del curso de español de la Universidad "Alpha":

"Novilla querrida,

Tú diciéndome no más tiempo mi novilla por que puse un beso caliente en el piscueso tuyo y puse otro beso misma class en la boca colorrada. Por ese cuento, diciéndo go out en las calabazos que posiste a mi corraconcito.

Mí piensa tu ma'amas todavía, y querriendo tú lo digas pontamente. M'amas o no ma'mas? Si amando a mi sacabó, good by, adió . . . Never again . . . y si querriéndome mocho, yo siendo tuyo hasta que los dos estando muy bien morridos.

Edgar."

\* \* \*

Otro portento de pericia en "spanish," académico graduado, escribió lo siguiente, que me ha dejado asustado:

"Please tradocier la letter adjoint, yo pienso, porque no posible entenderla, Sólo algunas palabras comprende bien."

¡Y la carta está escrita en correcto y buen español . . .!

**13 de junio, 1925**

159

# A Escoger Regalos

Otra vez tenemos Christmas a las puertas. ¡Tan pronto! dicen los que no quieren envejecer y los que aún tienen en pie las trampas que hicieron el año anterior para hacer regalitos a los parientes y amigos de estimación.

Las gentes metódicas, que todo lo ejecutan con arreglo a las leyes numéricas, están sacando cuentas del costo de lo que dieron y recibieron en la navidad pasada, para balancear los regalos de este año.

Dos anuncios precisos hablan al mísero mortal de la aproximación, en veloz carrera, de la Noche Buena: la irrupción incontenible de compradores a las tiendas de 5, 10 y 15 centavos y la profusión de avisos en los periódicos, con el indispensable Santa Claus en diferentes "poses." ¡Qué gangas!

Creo, sin temor de equivocarme, que los señores F. W. Woolworth and Co., propietarios de las tiendas centaveras, añaden anualmente a su capital, con la ola entrada de la época de los holidays, varios milloncejos de dólares. Con razón tienen en New York un edificio de milenta pisos.

* * *

La verdad de las cosas es que los arrancados encontramos allí, en el famoso "diez y quince" cuanto la fantasía puede imaginar para regalo, desde pianos de cola hasta carretes de hilo, desde máquinas de coser y de escribir hasta lápices pedaceros. No me avergüenza al confesar que yo allí compro mis regalos de Navidad y que hasta ahora no hay, de mis parientes y amigos, quien se haya dado por ofendido. "Nothing more than 15 cents" rezan los rótulos de los grandes almacenes, y no doy yo regalo de mayor valor que eso.

Hay donde escoger para viejos, jóvenes, doncellas y niños. Radios listos para echar ondas sonoras, revolvers propios para holdups, bombas de dinamita, herramientas para cualquier oficio o profesión, aeroplanos y dirigibles, automóviles completos y en piezas, cristalería de Bohemia, y de todas partes, porcelanas de Sévres y de Tlaquepaque, antigüedades viejas y modernas, alimentos enlatados y al descubierto, juguetes, peinetería, joyas de diamantes finos y de procedencias vasoculares, etc. No es esto un reclamo sino una información gratuita y desinteresada, de lo que puede obtener quien tenga poco dinero y muchos compromisos nochebueneros.

A pesar de lo cual, ruego a las honorables personas que tengan la intención de obsequiarme algo, lo cual espero harán cuantos lean estas líneas, que, en tratándose de mí, recurran mejor a sus viejos tesoros ocultos y me envíen piedras finas legítimas, oro en pasta, o en polvo, alhajas escogidas, diamantes de primera calidad y alguna otra cosa que, aunque cueste mucho, sea redimible, en caso de emergencia, en dólares o "green-backs."

\* \* \*

Da gusto leer los anuncios de los periódicos, en estos días de compras navideñas. ¡Qué oportunidades! He aquí algunas que cojo al vuelo:

"PASE UD. FELIZ LA NAVIDAD.—Estrene esposa.—Mande noramala a su mujer y quédese solo o acompañado de una nueva cara mitad.—Un divorcio lo hará feliz. Ocurra Ud. A Mr. Cut-Out, Attorney.—Especialista en asuntos de familias mal avenidas.—1657 Heaven St."

"MARIDOS ESTORBOSOS.—Eliminados con cuchillo pistola o garrote.—Rebaja de precios durante los holidays. —Detective Killer Corp., Murder Bldg., 12."

"MUÉRASE UD. AHORA.—Gran barata en aderezamiento de difuntos. Con motivo de la navidad, necesitamos muertos frescos para hacer salchichas, mortadellas y otras carnes frías. Los funerales de $100.00 por solo $6.50. Muérase o Mátese."

"ESPOSAS VALIENTES.—Encontrarán un gran surtido de objetos para golpear al marido, sin hacer escándalo. Martillos, hachas, roll-pins, barras de acero y toda clase de implementos contundentes, a precios sin competencia.—45 Hit Place."

"DESOCUPE UD. AHORA.—Sus órganos digestivos. Esté listo para las suculentas comelitonas de Christmas y Año Nuevo. Jeringas de todos tamaños, clases y calibres para dispépticos, obturados, estreñidos y áridos. Excaving Fast Co., 54 Goodway."

"COBRE INDEMNIZACIÓN.—Para afrontar los gastos de la estación. Déjese atropellar por automovilista rico y yo arreglo todo. Fifty y fifty. Huizache Co., Attorney's Bldg."

"DIENTES NUEVOS POR VIEJOS.—Estrene Ud. dientes nuevos en la Pascua, blancos aperlados, olorosos picudos, y tire Ud. los viejos, feos, amarillos, apestosos y sin filo. Dental Holiday Co., Calle Dolores."

"RESERVE SU LUGAR.—Para cenar la última noche del año con princesas rusas, herederos de las coronas europeas, testas coronadas y recientemente descoronadas y bellezas internacionales.—Buena música y mejor vino. Good Fur Co., 567 Near Beach St."

"TONICAS PARA EL PELO Y EL ORGANISMO.—En la cabeza produce abundancia de pelo, y en el estómago, de PEP. Barberos Unidos en la Desgracia. Tensorial Wine and Liquor Bldg."

"NALGAS GRATIS! NALGAS GRATIS!—Por un nuevo sistema de ventas, tendrá Ud. gratuitamente las nalgas de cualquier pantalón que desee. Piernas a $1.00 cada una o un poco más, según la calidad del casimir o del paño. Vístase ahora que puede tener cubiertas las nalgas sin pagar un solo centavo. Sólo las piernas se pagan y a precios muy bajos, 170 Beach Avenue.

Ya tienen, pues, mis lectores, donde escoger, en esa inmensa variedad de ofrecimientos. Sólo el que no quiera no será feliz en navidad.                **12 de diciembre, 1925**

# No Hay Que Hablar en Pocho

Alma Falluca, poetisa y financiera durante los días del zapatismo agudo en la tierra azteca, se vino a California cuando supo que su esposo era buscado con el simple objeto de sujetarlo a una ejecución sumaria, por ser más avanzador de lo que conviene a un reinvindicador. Con Alma llegó todo la familia a vivir libre de peligros y de malas tentaciones, pues malas las tenía a menudo Casimiro, su esposo, cuando veía algo susceptible de avance, y peores las tenía ella cuando algún magnate de los de la nueva hornada, paseando en costoso automóvil y luciendo unas joyas que parecían arrancadas, a pico, de un depósito de cuarzo vitrificado.

Aquí todo se acabó y llegó la calma, una calma relativa, pues Alma y los suyos mostraban una ansia infinita de elevarse, de ir a más, de dejar el eruto a tule de que hable el refrán de convertirse en una familia bien, gloria y orgullo de la alta sociedad.

Alma o Miss Alma, como quiere se la llame, vino a hacerme un reclamo formidable.

—¿Por qué, me interrogó, ha puesto usted la proa a mi honorable esposo Casimiro, a mis hijas Amneris y Musseta y a mi hijo Radamés?

—Señora, váyalos conociendo. Casimiro fue el que tomó Tequila cuando Carranza; Amneris era taquígrafa del Gral. Juanito Barragán y Musseta mató a la amante de un novio suyo porque no le gusta que la anden "encuatando." En cuando a Radamés, a pesar de su corta edad, cuatro abriles, tiene el cuerpo cubierto de honrosas cicatrices, pues un día peleó con el gato reaccionario de un científico bribón y ambos quedaron arañados, Radamés y el gato.

—¡Primorosa familia!

—Primorosa, sí señor, pero además, yo soy literata, oradora, novelista, bailadora, y alegre como unas pascuas. Todos los "papeles" americanos se han ocupado de nosotros, y Ud. callado . . . ¿Qué no somos dignos de una "historia" aunque sea chiquita?

—Es que no sabía yo tales historias. . . .

—Bueno, pues ahora vengo a decirle que mi hija Amneris, que está estudiando para nodriza, se acaba de graduar.

—¿De graduar?

—Sí señor, de nodriza. . . .

—No sabía que se estudiara para eso. . . .

—En nuestra tierra, no. Claro. Allá no se estudia para nada . . . Pero aquí, las nodrizas necesitan tener su graduación.

—Yo creía que lo que necesitaba tener era leche, buena.

—¡No sabe usted lo que dice! Mi hija Anmeris sabe ya dar baños de esponja, poner cataplasmas y sinapismos, enemas y pinceladas.

—¡Ah! Su hija entonces será enfermera. . . .

—Una nodriza, señor, una nodriza, nurse en "english."

—¡Ya entiendo!

—Bueno, pues me le pone su historia, muy bonita, a Amneris, y otra a Casimiro, diciendo que no es cierto que él sea el extranjero narizón que anda matando mujeres en las casas de "apartamentos." Una vieja muy chismosa de la vecindad, que no nos quiere porque somos "high tone" anda diciendo que mi pobre marido es el extrangulador, y eso le puede costar muy caro. ¿No lo cree usted?

—Seguramente. Si le llegan a probar que él es, puede que lo ahorquen.

—Mejor me vuelvo a mi tierra para que lo fusilen. Es mejor morir de balazos que de ahorcazón.

—Allá Ud. verá.

—Bueno, me pone Ud. en su papel esas historias, para que las lean nuestros amigos, y, además, lo vengo a invitar a Ud. a un baile con que celebro que mi hija sea ya nodriza titulada. Si Ud. no "ateinde," venimos todos y le levantamos un infierno o hell.

\* \* \*

Tuve que ir por temor al "hell," procedimientos en que los pochos son unos maestros.

A la hora del concurso de "charleston," un joven bailador, que había estado moviendo las piernas con una velocidad increíble, sufrió un desmayo. Se llamaba él Lucas Paten, y es una de las joyas de la sociedad de Mrs. Alma Falluca.

Todo el mundo se apresuró a socorrer al accidentado, y un médico amigo de la casa, al ver al enfermo, dijo:

—Es un desmayo de debilidad. Denle un poco de leche.

Al oír aquello, Alma empezó a gritar estentóreamente:

—Amneris, ven. Ven pronto. Aquí se necesita la nodriza.

Momentos depués, la muchacha se presentaba con una limentadora para enfermos, rebosante de leche.

Lucas, que había oído todo aquello, al ver el blanco líquido y recapacitando sobre lo que había escuchado, dijo:

—Si la leche es de vaca, bien, la tomo; pero si es de nodriza, no pasaré una gota. Hace muchos años que me despecharon.

Todo porque hay gentes que no pueden menos de hablar en pocho, y creen que nurse y nodriza son cosa igual.

Me salí volando de la casa de los Fallucas, para venir a escribir esta bella historia, que Alma me recomendó.

**26 de junio, 1926**

# Nombres Fatídicos

Antenoche, a eso de las once, me despertó un prolongado rinrineo del teléfono al cual siguió una reprimienda de la señorita telefonista por mi poca diligencia en contestar el llamado.

—Es, señorita, díjela, que estaba acostado, dormido y soñado . . . ¡soñando en Ud.!

—Pues allí le hablan, ¡embustero!

Una voz agitada se dejó oír:

—¿Es allí el "spanish" periódico?

—Sí señor.

—Pues díganos qué demonios significa "socorro," un vocablo que un vecino nuestro, español, está diciendo a gritos por toda la casa, y sale a la ventana a gritar más fuertemente: ¡Socorro! ¡Socorro!

—Es posible que ese individuo tenga algún peligro y pida auxilio. Es como si usted gritase Help! Help!

—Así me lo temía: pero el profesor de Spanish de la Universidad afirma que eso quiere decir Dark! Dark! y no atinábamos. Voy a ver en qué ayudo al pobre vecino.

* * *

Momentos más tarde se repitió el repique: pero esta vez con la campanilla de mi puerta.

Abrí, y se colaron en mi domicilio como cinco individuos, uno de los cuales tomó la palabra y me dijo:

—Soy la persona que habló a Ud. por teléfono; pero antes de tomar una resolución definitiva, los vecinos del "spanish" que grita, hemos venido a dilucidar algún punto dudoso. Aquí está, con nosotros el profesor de la Universidad, quien afirma y sostiene que lo que dice el señor gritón es que está a oscuras. Dark! Dark!

—Sí, señor, interrumpió el profesor. Lo que yo he oído gritar al "spanish" es "oscuro," "oscuro" y eso en inglés es "dark."

—¡No estoy muy de acuerdo! Oscuro se dice con una sola ere y no con tantas "erres." Además, ¿qué objeto tendría, para ese señor, decir, a gritos, que se halla a oscuras? Que prenda un lámpara o una candela, y asunto concluído.

—Pero usted conviene en que "oscurro" es "dark."

—Convengo en que "oscuro" es "dark' como Ud., señor Profesor, debe convenir en que "socorro" es help."

—Seguramente."

—Entonces, dijo el vecino que hacía cabeza, habrá que ir a escuchar, de nuevo, a ese señor, para ver si grita "oscurro" o "socorro."

Y todos fuimos.

* * *

Cuando llegamos cerca de la casa del gritón, se hallaba bien iluminada, lo que eliminaba la hipótesis del grito de "oscurro"; pero nadie gritaba ya. Pasados unos momentos, volvieron los gritos, claros y distintos, de ¡Socorro!

Forzamos la puerta y nos metimos a aquel hogar extraño. El gritón iba y venía por pasillos y habitaciones, exclamando a gritos:

—¡Socorro! ¡Socorro! ¡Socorro!

Me apersoné con el hombre de los gritos y le pregunté:

—¿Qué ocurre? ¿Qué pasa? ¿En qué podemos ayudarle? A eso hemos venido.

—Se me ha extraviado mi mujer. Eso es todo.

—¿Y cómo ha sido eso?

—No lo sé de cierto. Nos acostamos juntos y a poco me dormí, apretándole una mano con la mía, y con la otra, descansada sobre su barriga. Hace poco desperté y estaba abrazado de una almohada, de una almohada vil. Mi mujer se había vuelto espiritual, etérea, incorpórea. Yo no sé. Si

170

esto fuera definitivo, menos malo; pero seguro estoy que mi cara mitad surge, de repente, de cualquier rincón, lista al mordizco, la coz y el arañazo, pues es feroz.

—Pero la ha buscado Ud. bien?

—Del ático al basement, y nada.

—Le daremos otra buscadita.

Todos los presentes nos lanzamos a la búsqueda, por todas partes: arriba, abajo, en pasillos y rincones, hasta que ella misma desde una reconditez del basement, gritó:

—¿Qué escándalo traes, Ponciano? ¿Por qué anda tanta gente en la casa?

Corrimos a ver a la señora, que no se hallaba sola sino con el dependiente de la botica que, según nos dijeron, estaba dando masaje y maquillaje a la dama, para ponerla la piel suave y sonrosada.

Ella explicó así la situación:

—Mira, Ponciano, tienes tú la perra maña de acercar mucho tu cara a la mía, y tus barbas incultas son unas púas con que me desperfeccionas la piel. Así es que cuando tú haces eso, me veo obligada a llamar a este boticario a que me cure y me remiende el pellejo.

—¿Y cómo, replicó el marido, cuando me cacheteas, no te espinas las manos con mis barbas?

—No debo contestarte. Ya nos arreglaremos, tú y yo, a solas y armados.

No quisimos intervenir en asuntos de familia e inciamos la despedida.

* * *

Antes de partir, interrogue´ a D. Ponciano:

—Bien, ¿pero por qué pedía Ud. socorro?

¡Si no pedía socorro! Llamaba a mi mujer que así se llama Socorro. Si vuelvo a gritar, entonces sí es posible que solicite auxilio, porque después de esto vamos a tener un arreglo conyugal a golpes, y siempre pierdo.

El profesor de Español de la Universidad, que no quería dar su brazo a torcer, manifestó en seguida:

—¿Ya ven Uds. Cómo el señor gritaba "oscurro"?

—No, señor.

171

—¿Cómo no? El dependiente se llama Mr. Dark, yo lo conozco, vive en un apartamento del mismo edificio, y D. Ponciano le hablaba, seguramente, para que viniese a arreglar a la señora descompuesta de los cachetes suyos.

No quise despojar de su reputación al lingüista universitario, y lo dejé en su buena opinión y fama, mientras a lo lejos se oían voces alteradas, en el interior de la casa. Eran Socorro, Oscurro y Ponciano, que arreglaban sus asuntos domésticos.

**31 de julio, 1926**

# Índice